中国机构投资者

第2辑

China Journal of Institutional Investor

Volume 2

主　编　林　树(南京大学会计学系)

东南大学出版社
SOUTHEAST UNIVERSITY PRESS
·南京·

图书在版编目(CIP)数据

中国机构投资者.第2辑 / 林树主编.—南京:东南大学出版社,2020.12

ISBN 978-7-5641-9374-4

Ⅰ.①中… Ⅱ.①林… Ⅲ.①机构投资者—研究—中国 Ⅳ.①F832.51

中国版本图书馆CIP数据核字(2020)第265267号

中国机构投资者(第2辑)

主　　编: 林　树
出版发行: 东南大学出版社
社　　址: 南京市四牌楼2号　**邮编:** 210096
出 版 人: 江建中
网　　址: http://www.seupress.com
电子邮箱: press@seupress.com
经　　销: 全国各地新华书店
印　　刷: 江苏凤凰数码印务有限公司
开　　本: 889mm×1194mm　1/16
印　　张: 5.75
字　　数: 90千字
版　　次: 2020年12月第1版
印　　次: 2020年12月第1次印刷
书　　号: ISBN 978-7-5641-9374-4
定　　价: 50.00元

本社图书若有印装质量问题,请直接与营销部联系。电话(传真):025-83791830

卷首语

就商学这一社会科学而言，理论与实践的脱节对于实务工作者和研究人员无疑都是巨大的损失。于实务工作人员而言，缺少对前沿理论的了解容易导致“当局者迷”，因庞杂的具体事务干扰而难以抽象出经济现象的本质，或受到固有经验的束缚而难以突破现有工作中的局限；于研究人员而言，脱离经济与商业现实的理论研究容易成为不切实际的“空中楼阁”，偏离“商学研究服务于商业文明与实践”这一根本目标。

随着我国资本市场的建立与发展，作为专业投资人的机构投资者从无到有，日益壮大，相比于个人投资者，机构投资者资金实力雄厚，具有投资管理专业化、投资结构组合化及投资行为规范化等特点，对于提高证券市场定价效率与上市公司治理水平起到重要的积极作用。随着机构投资者的影响力不断提高，学术界对机构投资者的研究与讨论也越加充分，这对理论研究及商业实践都起到一定积极作用。然而，目前国内的财务金融类学术研究更多停留在“学术象牙塔”里，少见学术研究者与实务工作者之间的职业转换，学术界与实务界之间交流、融合尚不够密切，存在一定程度的“隔阂”。

《中国机构投资者》(China Journal of Institutional Investor，CJII)致力于搭建财务金融与资本市场类(特别是以资本市场机构投资者为对象)学术研究与实务工作的桥梁与平台，既介绍学术研究中的前沿理论与研究成果，也反映实务工作中的问题与发现，以期促进实务界与学术界互通有无，更好地促进关于中国机构投资者乃至资本市场的理论与实践发展。

《中国机构投资者》第2辑中，我们特别邀请到五位学界与业界的资深学者与专家来分享他们的研究、经历或思想。他们分别是：

岳衡，曾任北京大学光华管理学院会计学系主任，教授，博士生导师，现为新加坡管理大学会计学副教授（终身教职），首席财务官硕士项目（MCFO）主任，兼任上海喜岳投资（XY Investments）首席风控官，负责指导量化投资研究，是比较少见的同时兼任顶尖大学教授与投资实务领域的学者。

孟庆斌，中国人民大学商学院教授，博士生导师。曾兼任嘉实基金量化分析师、中航证券首席金融工程顾问、银河期货高级顾问；现兼任墨威（上海）资本首席经济学家、富众投资高级经济顾问、华信万达期货高级投资顾问等职位。自2008开始从事二级市场投资，历年来在股票、期货、FOF等投资标的上均取得了优秀的投资业绩，同样是横跨学界与投资实务界的学者。

靳向东，复旦大学78级校友，曾为国有大型投资集团投资负责人，全程亲身经历中国资本市场诞生至今天的波澜壮阔。

杨科威，博士，曾供职服务于雷曼兄弟、野村证券、摩根士丹利等国际顶级金融机构，从事海外投研工作十几年，深谙世界顶级金融公司投研工作机制，是亚太区著名的资深华人专家。

巫景飞，云通数科等金融科技公司创始人，兼任大学教授与创业人"跨界"身份，凭借自身努力，一步步创立私募基金与公募公司专业数据库，致力于为国内金融研究打造领先的基础设施。

五位特邀学者与专家的分享让本期《中国机构投资者》（CJII）更加多彩，让我们从不同角度领略与体悟到投资研究的艰辛与价值。相信读者一定能从他们的分享中体会到许多有益的职业经验与人生感悟。

《中国机构投资者》（CJII）欢迎中国资本市场的研究者与实践者等各界人士分享自己的研究、见解与经验。

赐稿邮箱：cjii2019@163.com

网址：www.cjii.net

林　树

南京大学会计学系　教授

2020年11月

目　录

从学术到实践

岳 衡

岳衡教授介绍：毕业于美国杜兰大学（Tulane University），获博士学位。曾任北京大学光华管理学院会计学系主任，教授，博士生导师，现为新加坡管理大学会计学副教授（终身教职），首席财务官硕士项目（MCFO）主任，兼任上海喜岳投资（XY Investments）首席风控官，负责指导量化投资研究。多篇论文发表于国内外顶级学术期刊，如《经济研究》《管理世界》《金融研究》《会计研究》，Journal of Financial Economics，The Accounting Review，Contemporary Accounting Research，Review of Accounting Studies，Journal of Corporate Finance，Journal of Banking and Finance 等。主要研究方向为公司治理、盈余管理、会计信息、新兴市场等。曾获得国家优秀青年基金、新世纪优秀人才奖、工商银行经济学者奖、曹凤岐青年科研进步奖、财政部会计领军人才、Lee Kong Chian Fellowship 等荣誉称号。

1. 岳教授好，我们知道您早年从美国博士毕业后，在北京大学与新加坡管理大学的学术研究与教学上取得了很大的成就，并且基本上都在会计与金融领域。您能否与我们分享一下您学术研究的脉络，以及您现在最新的研究？

说有很大成就实在是过誉了，不过我从 2004 年博士毕业，回到母校北京大学光华管理学院，一直到今天在新加坡管理大学和喜岳投资任职，学术研究倒是从来没有中断过，算是勤勤恳恳地在学术道路上求索吧。我的研究方向主要是财务会计和公司金融领域，而且研究的主题一直是和资本市场紧密联系的，包括公司治理、盈余管理、会计信息在资本市场的应用几个大的方面。

我比较有代表性的几篇论文是研究中国资本市场上大股东侵占上市公司利益的问题。其中一篇我和光华管理学院姜国华教授、斯坦福大学 Charles Lee 教授一起合作，发表在金融类顶级的学术期刊 Journal of Financial Economics 上，针对大股东占款问题进行了系统的研究。在这篇论文中，我们发现由于中国资本市场上各种制度环境和公司治理的不完善，同时上市公司股权又非常集中，大股东会利用在上市公司的控制权对上市公司进行利益侵占，而其中一种最直接的方式即是大股东以白条的形式把上市公司的资金直接转移到自己或者相关的关联方手里，在上市公司账面上形成大量的其他应收款。我们通过研究发现大股东占款严重的公司在资本市场上表现相对较差，包括未来的经营业绩、市场业绩，还更加可能会被 ST 和出具非标意见。后来中国针对大股东占款进行了严厉的整治。我们也研究了这些整治对上市公司价值的影响，发现以前被大股东占款的公司在整治后有一个价值修复的过程。大股东对上市股东的利益侵占问题在新兴资本市场非常普遍，对上市公司造成严重的负面影响。在我国现阶段，大股东直接通过占款来侵占上市公司受到严格监管，但是通过其他形式的侵占，比如关联交易、担保等仍然普遍。我也在持续关注这方面的研究，比如说关联交易对公司价值的影响，以及不同机制对关联交易的制约。

会计信息是资本市场上重要的信息来源，是每个投资者都特别关注的，但是如何理解和正确利用会计信息来进行投资和估值却并不简单。介绍一篇我和喜岳投资周欣博士、暨南大学饶品贵教授一起合作，最近发表在会计学顶级学术期刊 Review of Accounting Studies 的论文。我们研究如何利用上市公司分部门的数据来对公司进行正确估值。传统上大家对公司整体的经营业绩非常重视，并根据整体的经营业绩来进行估值，比如说市盈率，就是按照公司价格与公司整体盈利的比较来衡量公司的价值。但是对于一家有多个分部门的公司，其经营业绩在各个部门间可能不同；公司可能会通过扩张高盈利部门而缩减低盈利部门的方式提高公司未来的盈利。这意味着多部门公司具有一个实物期权，而这种实物期权必须通过分析各个部门的具体业绩才能够衡量。我们通过一定的方式，计量出实物期权的相对大小，发现那些具有更多部门层面实物期权的公司，未来的经营业绩和市场业绩都会更好。会计信息都是公开信息，但是如何解读和发现信息背后的价值，这些都需要研究者掌握经济学和金融学的相关理论，深入分析才能够完成。

我的绝大部分研究都属于财务会计和公司财务的范畴，并且和资本市场紧密关系。比如我也关注上市公司的披露质量和盈余质量问题，关注公司股价崩盘风险，等等。这些研究对我理解中国资本市场，以及参与实务方面的工作都有直接帮助。我把上面提到的两个论文列在这里，大家有兴趣也可以找来看看。

Return predictability and the real option value of segments, by RAO, Pingui; YUE, Heng; ZHOU, Xin. (2018). Review of Accounting Studies, 23 (1), 167-199.

Tunneling through intercorporate loans: The China experience, by JIANG, Guohua; LEE, Charles M. C.; YUE, Heng. (2010). Journal of Financial Economics, 98 (1), 1-20.

2. 您是目前会计金融学术界中较少有的在对冲基金兼职的华人教授，能谈谈为什么要到对冲基金兼职，并介绍下您的兼职工作内容吗？

我现在担任上海喜岳投资（XY Investments）的首席风险官。喜岳投资于2014年成立，总部位于上海，在香港设有分公司并持有9号牌。作为一家专注于基本面量化的阳光私募，喜岳投资依靠量化的投资策略来进行投资，这些投资策略都建立在经济、金融、会计及统计理论之上并通过严格的历史验证。我作为首席风险官，主要的工作是负责公司事前风险模型的研究开发，并参与到公司基本面量化投资策略的研发。

我们知道投资都需要运用各种会计信息，但是上市公司披露的信息可能并不是完全可靠的。很多时候上市公司的高管或者大股东会基于各种原因进行盈余操纵或者虚构资产，造成上市公司披露信息的不真实。而一旦这些虚构资产被发现或者盈余操纵无法继续，公司就会出现业绩大幅下降等各种暴雷事件。作为量化投资公司，如果简单利用那些可能不真实的会计信息来构建投资模型，就可能会踩雷，造成投资的巨大风险。因此，喜岳投资提出要开发事前风控模型，分析公司在资产和盈利中可能进行的操纵，预测未来暴雷的可能性，并将那些未来可能的暴雷事件以很高的概率排除在外。

举个简单的例子，去年年报期间，大家可以看到很多上市公司都进行了大量的商誉减值，造成这些公司很大的亏损，大家都说是“天雷滚滚”。其实我们简单地分析一下，那些公司账面上存在大量商誉，同时在一段时间经营业绩不好，那么它要进行商誉减值的可能性就非常大。我们通过事前风控把这些公司全部屏蔽掉，就可以起到回避风险的目的。当然这个例子相对来说比较简单，更困难的是需要通过一些模型去发现那些公司造假的可能性。由于公司不断有不同的花样来进行盈余操纵或者进行大股东的侵占行为，所以这一部分的模型开发也是需要一个不断更新的过程。我们喜岳有专门的投研人员进行相关的研究。对于我来说，每周都要参加公司的投研会议，听投研人员报告他们的发现，讨论改进方案。投研人员如果有问题，平时也可以直接和我沟通。所以简单来说，我在喜岳的工作，实际上和大学里带研究生和博士生做研究也没有什么区别，只是研究的问题、侧重点稍微有一些不同。

至于我为什么到喜岳任职，主要有两个原因：第一，公司的创始人周欣博士是我博士班的同学。她在国外的对冲基金有多年的工作经验，回国以后创办喜岳投资时大力邀请我参与。第二，大家也可以看到，量化基金每天的工作实际上和资本市场方面的学术研究非常的接近，我觉得这也是一个把我们的学术研究和实践结合起来的大好机会。所以，我当时是欣然同意，在喜岳创办的时候就开始加入到公司。这些年在喜岳的工作经历，也让我对学术方面的认识进一步加深。

3. 能否就您这些年在对冲基金的兼职工作经验谈谈，在投资实践领域，从事学术研究经历的人与一直从事投研实践的人相比，有哪些优势或劣势？有没有亲身或所见的实例？

我觉得从事学术研究的人有三个优势：第一，理论体系上更加完整，对投资的理解相对比较系统；或者说是比较能够“知其然”，更加”知其所以然”。第二，做研究的学者很多都注意细节，考虑问题相对严谨，讲究因果关系。这都是研究中审稿人不断折磨锻炼出来的。第三，学者更加可能会有原创性的思路。对于投资策略来说，如果市场上大部分的人都采用同样的策略，那么这个策略就会失效，所以一个量化基金的核心竞争力是能够不断产生新的投资策略。做研究的人一般都会不断思考创新点，所以可能会产生原创性的交易策略。

比如说 2017 年，中国有大量做量化投资的基金，都亏的一塌糊涂，甚至关门清盘了事。原因是什么呢？其实是因为这些所谓的量化基金都大量的采用规模因子，即买入小盘股卖出大盘股。这种策略在 2014 年前后都非常有效。但是到了 2017 年，大公司显著的跑赢其他的股票，那些过多的采用规模因子的量化投资就亏的很惨。其实从金融理论的角度我们应该理解，所谓的规模因子其实也是一种风险，在投资中是应该要控制这种风险。否则的话，投资业绩可能在一两年中非常地耀眼，但是后来还账的时候也是非常痛苦的。所以，知其所以然是非常重要的。

关于创新思维，其实结合前面我讲到的文章大家应该可以有所体会。比如说那篇论文发现利用分部门数据来计量部门层面的实物期权，预测公司未来的业绩和市场表现，本质上就是一种投资策略的研究。如果这种投资策略只有你自己公司了解，你就可以通过这个策略赚取高于市场的回报，获得竞争中的比较优势。

当然，光是做学术研究的人，也是有很多的弱点。通常研究者对现实情况的了解并不够全面。有很多现实的情况，在研究中并没有考虑，比如说投资人的要求、市场规则的变化、交易是否能够实现等。这些都需要在实践的过程中不断调整、不断磨合，把学术研究和实务研究有机结合到一起。

4. 您兼职的对冲基金有什么吸引您的地方吗？它与别的对冲基金有哪些不一样？您在高校中的学术研究经验对业界的投研工作或投资实战有帮助吗？如果有帮助，主要表现在哪些方面？投研一线的机构是否欢迎从学术研究转型而来（或是兼职）的教授？

喜岳投资是一个专注于基本面量化的基金。和国内其他基金不一样的是，首先我们公司的核心成员都有很深厚的学术背景，不但拥有国际上顶级商学院的会计或者金融博士学位，还在国际顶级学术期刊上发表过论文。比如，前面我提到的周欣博士，是喜岳的创始人和董事长，也是我前面提到的论文的合作者；她今年还另外有在顶级期刊的论文发表。我们的合伙人 Tony Tang 是芝加哥大学的金融博士，诺贝尔经济学奖获得者 Eugene Fama 的学生，在国际顶级金融期刊上发表论文；Hui Chen 更加是 MIT 金融学终身教授，顶级金融期刊的论文非常多。不夸张的说，喜岳投资创始人的学术背景应该在国内是数一数二的。其次，公司创始人周欣博士、Tony Tang 都在国际顶级量化基金有多年的工作经验，对国际量化投资经验相当了解。第三，公司非常注意投研，专注于基本面量化，秉承价值投资的理念，完全依赖交易策略进行投资，不去探听内幕消息或者参与内幕交易。我相信我们这样的阳光投资，对于中国资本市场的整体繁荣，提高资产的配置效率具有很积极的意义。

我在高校中的学术研究经验，以及我博士期间的学术训练，对在量化基金的工作有非常实质性的帮助。我的研究范围，包括盈余管理，对会计信息的理解，这实际上就是最终产生交易策略、控制风险的核心因素。我的研究经验使得我能够对公司风险模型的开发、投资策略的开发有很好的指导作用。

从基金公司的角度，尤其是从事量化投资的基金，其实是非常欢迎具有相关学术研究背景的教授加入。一方面可以把他们的创新意识带入到基金中来，促进投研；另一方面也能够帮助整个基金公司形成完善的投资理念。从喜岳自身来看，我们实际上对高校的学术研究也是非常关心。比如，中国金融国际年会(CICF)是中国最大的金融学术会议，喜岳已经连续赞助多年；还派我们的研究员去参与这些学术会议，了解和借鉴金融研究的最新进展，更新自己的知识体系，力求在投资策略的研究创新上能够有更多突破。

5. 如果学术研究人员，如会计与金融领域的教授，想转型(或兼职)到业界，您有什么建议?

其实在国际上，量化基金经常有很多有学术背景的人参与。比如前面我提到的合作者 Charles Lee，他曾经是康奈尔大学的金融系教授，在 BGI 做过首席投资总监，现在回归学术是斯坦福大学教授。其他几位会计学术界的绝对大腕，比如 Richard Sloan（曾任密歇根大学、加州伯克利大学教授，现任南加州大学教授)，S. P. Kothari(MIT 大学教授)，都在基金公司任职过。大家熟悉的 LSV asset management，是由几个知名的金融教授(首字母分别是 L、S、V)创立。AQR 的主要创始人也有 Eugene Fama 的助教。我知道国内也有会计和金融领域的教授曾经或正在业界参与一定的工作。

我想对于会计与金融领域的教授，如果想到业界发展，首先是一定要找到一个合适的时机。我自己能够参与到喜岳基金，其实完全拜博士同学的邀请。其实业界对学术界的人是有一定的需求，但是双方存在很多信息不对称。我想如果能够有和业界更多的接触和沟通，应该会有机会找到适合自己的位置。学术界的研究者也有自己出去创立自己的基金的。第二，基金行业对学术方面人才的需求，也是看重这些金融会计教授的相关研究能力。所以如果要去业界发展，也是需要在相关的领域中有更深的见解和展现研究的实力。前面我提到的 Richard Sloan，就是 Accruals Anomaly 的发现者，基于 Accruals 的投资策略现在还是量化基金的基础策略之一。

6. 您在国内外顶尖大学商学院都做过教授，又在对冲基金兼职指导量化投资研究工作，能否对想进入对冲基金工作的国内商学院毕业生提些建议？

喜岳公司每年都会从国内和国外高校招收正式员工和实习生。招收的岗位有量化策略研究员、系统开发工程师，基金运营、交易以及运维工程师等。

我简单说一下量化策略的研究员。从知识储备上说，一个是要有扎实的会计、金融、经济和统计的学术背景；一个是要熟练掌握编程技巧，包括Python，R，Matlab 等等。因为喜岳是做基本面量化，这两方面的知识是必不可少的技能。有些其他类型的量化基金，可能专注于统计套利，需要的技能侧重点会不同。除此之外，喜岳要求投研人员能够独立研究，有强烈的求知欲和探索精神，有创新能力，能够清晰讨论和交流学术思想。在投研的过程中，投研人员需要阅读大量的中英文学术文献，所以这方面的能力也是必不可少的。喜岳招收的投研人员大部分是硕士和博士毕业，但是特别优秀且学习能力强的本科生也是欢迎的。喜岳每年都会在北大、清华、复旦、上交大等学校进行校招，就是想吸引最优秀的人才。

其实量化基金是业界中和学术界走的最近的，喜岳既有招收名牌高校的博士生，也曾经有员工在喜岳工作后前往哈佛攻读博士，或者去著名高校攻读金融类硕士。

7. 2020 年极其特殊，将是对未来产生重大影响的一年，能否请您根据根据自己的研究与阅历，对未来的可能趋势做些判断。

从历史经验看，对宏观的预测一般都是猜测，错的比对的多。2020 年是全世界都动荡的一年，疫情持续肆虐，中国所处的国际环境极度复杂，可以说唯一不变的就是变化。从投资的角度讲，风险控制只会越来越重要；从个人角度上来看，提升自己的能力，才能以不变应万变。

基金经理业绩评价综述

于上尧[1]　孟庆斌[2]　谢沛林[2]

（1. 北京工商大学商学院；2. 中国人民大学商学院）

孟庆斌教授团队简介：孟庆斌，中国人民大学商学院财务金融系教授，博士生导师。主要研究方向为公司财务与资本市场。到目前为止在国内外高水平期刊发表和接收论文60篇，其中包括际 European Journal of Operational Research、Journal of Corporate Finance、Journal of Empirical Finance、Journal of Financial Market、Quantitative Finance、SIAM Journal on Control and Optimization 等国际主流期刊（SSCI、SCI）20余篇，国内《经济研究》《管理世界》《经济学（季刊）》《管理科学学报》等高水平期刊30余篇，出版专著3部。长期以来在中国人民大学讲授《财务管理学》《证券投资学》《金融衍生工具》等课程。曾兼任嘉实基金量化分析师、中航证券首席金融工程顾问、银河期货高级顾问；现兼任墨威（上海）资本首席经济学家、富众投资高级经济顾问、华信万达期货高级投资顾问等职位。自2008开始从事二级市场投资，历年来在股票、期货、FOF等投资标的上均取得了优秀的投资业绩。于上尧，北京工商大学商学院财务系副教授，硕士研究生导师，主要研究方向为公司理财与资本市场，在《经济研究》《管理世界》等国内外高水平期刊发表论文多篇。长期在校内外讲授“财务报表分析”“投资管理”“财务舞弊识别”“经营决策的关键财务指标体系”等财务、管理、决策课程，多家公司的战略、财务顾问和有限合伙人。谢沛林，中国人民大学商学院硕士研究生，研究方向为资本市场。

从1998年中国第一家公募基金公司——国泰基金成立起，随着我国资本市场的发展和国家相关政策的支持，特别是在2001年证监会提出“超常规发展机构投资者”战略之后，我国机构投资者经历了一个快速增长的阶段。Wind数据库中提供的机构投资者数据显示，从2003年至2019年末的16年内，我国包括证券投资基金、社保基金、信托、保险、企业年金等在内的各类机构投资者的规模增长了900余倍，持股市值从2003年的1 535亿元增长到了2019年144.7万亿元。

在各类机构投资者中，证券投资基金(以下简称“基金”)是我国出现最早，也是发展最为迅速的一类机构投资者。截至2019年末，我国基金数量已经超过了6 000支，分属140余家不同的基金公司。同其他类型的机构投资者相比，基金不仅规模巨大，交易也相对活跃。相应地，基金的投资行为对资本市场的影响力也更大。更重要的是，基金，特别是开放式基金，更加看重短期业绩。根据基金业绩表现的优劣，投资者可以方便地增加或撤回投资，基金业绩的高低直接决定了基金的规模进而决定了基金的盈利水平，这使得基金面临着严重的业绩压力，而为了应对业绩压力，基金的投资行为也将表现出与其他机构投资者不同的特点。

在基金行业中，基金经理既是各只基金的管理者，同时也是基金投资决策的直接制订者。基金经理能否做出合理的投资决策，在恰当的时机买进或者卖出相应的股票，直接决定了基金业绩的高低。而基金经理的行为无疑要受到其个人特征的影响，面对同样的市场形势，不同的基金经理基于各自知识水平、从业经验以及由其性别、年龄、家乡等人口统计特征等决定的生活经历的差异，将做出不完全相同，甚至有可能截然相反的判断。其投资行为及经营业绩也将表现出很大的差异。由于这种差异的存在，在研究的过程中，不能简单地将各只基金的基金经理看作同质的主体。基金经理是具有独特特征的个体，即基金经理具有异质性。由于这种异质性的存在，在不同的基金中，基金经理对基金投资行为和基金业绩的影响及其作用机理并不完全相同。基于此，本文从以下几个方面对影响我国基金经理业绩的因素以及基金经理的业绩评价体系构建时需要考虑的因素进行了归纳和梳理。

一、基金经理对业绩的决定能力

从现有文献来看，基金经理能否决定基金业绩以及基金经理个人特征对基金业绩的影响一直是理论界关注的重点话题之一。现有文献分别从基金经理的年龄（Chevalier and Ellison，1999；何杰和杨丹，2010）、从业时间长短（艾洪德和刘聪，2008；Ding and Wermers，2009）、教育背景（Chevalier and Ellison，1999；Gottesman and Morey，2006）、社会关系（Cohen et al.，2010）以及某些不易观察到的固定效应（Berk and Green，2004；Huang and Wang，2013）等方面对上述问题展开了有益的探讨，取得一系列具有重要理论意义和现实价值的研究成果。

然而到目前为止，关于基金经理是否具有优秀的个人能力以及基金经理个人能力对基金业绩的影响，现有研究远未达成一致意见，存在两种截然相反的观点。

部分学者认为，基金经理的个人特征会影响基金业绩，如：Ding and Wermers（2009）发现，基金经理业绩与其从业经验有关，从业时间越长，经验越丰富的基金经理业绩越好；Chevalier and Ellison（1999）、艾洪德和刘聪（2008）发现，基金经理毕业的高校会影响其基金业绩，拥有 SAT 考试录取平均分数更高的名校学历的基金经理的业绩要高于非名校出身的基金经理；Gottesman and Morey（2006）发现基金经理是否具有 MBA 学历会影响基金业绩，拥有名校 MBA 学历的基金经理业绩更高；Chevalier and Ellison（1999）通过考察基金经理的职业生涯发现，年轻的基金经理更容易因为较差的业绩而被辞退，罗真和张宗成（2004）运用我国数据的研究也发现了类似结论；Cohen et al.（2008）研究了社会关系对基金经理业绩的影响，发现如果基金经理有同学在其重仓股的上市公司中担任高管或者董事，该基金经理业绩会提高。

Baks(2003)发现,基金经理的固定效应和基金的投资策略都会影响基金业绩。

与上述观点相对立的,另外一部分学者认为,基金业绩与基金经理个人特征无关,如:Jensen(1968)认为,考虑了风险偏好后,基金经理不可能战胜市场,而如果进一步考虑到基金经理的交易成本和信息搜寻成本之后,大部分基金经理业绩要低于市场指数;Fama and French(2010)也发现,考虑到交易成本之后,只有很少一部分基金经理的业绩能够达到或者超过市场基准,大部分基金经理的业绩超过市场基准更多是因为运气而非其投资能力。从我国基金市场来看,尽管魏先华等(2003)放松了对基金经理择时能力的要求,发现了中国基金经理在大势反转的关键时期具有一定的战略性时机把握能力,但汪光成(2002),牛鸿、詹俊义(2004),朱波等(2010)等的研究均发现,整体而言我国基金缺乏市场时机把握能力。

另外一个值得关注的问题是,尽管基金经理的不同特征对其投资行为的影响及其作用机理并不完全相同甚至截然相反,但基金经理的某一特征不仅单独对其行为产生影响,不同特征的影响还可能存在交叉、互补和替代。如:基金经理是否具有MBA学历会影响基金业绩,拥有名校MBA学历的基金经理业绩更高(Gottesman and Morey, 2006)。考虑到基金经理不同特征之间的相互影响,随着基金经理从业时间的增加,MBA学历对其行为的影响可能发生变化。一方面,从业经验的增加既有可能帮助基金经理更好地理解MBA课堂中学到的知识,从而获得更高的业绩;另一方面,从业经验还可能对基金经理的学历起到替代作用,基金经理通过投资实践,同样能够获得类似MBA课堂中的知识和技能,这将降低MBA学历在基金业绩影响因素中的重要程度。如果忽略了基金经理不同特征之间的相互影响而简单地探讨单一特征,无疑很难得到正确的结论。

二、基金经理的管理幅度对业绩的影响

同发达的资本市场相比,较高的增长速度是我国资本市场和基金行业的

典型特征。从1998年首批2只封闭式基金成立到2020年，我国基金的数量累计已经超过10 000只，而美国共同基金从第一只发展到800只大约用了40年的时间。快速增长的基金数量引起了市场对基金管理人才的巨大需求。然而，基金行业可以迅速发展，甚至实现“超常规发展”，但合格的基金经理却很难速成，更不可能凭空产生，需要一个相对缓慢的培养过程。快速发展的基金行业与合格基金管理人才相对缺乏的矛盾无疑会使得我国基金经理的个人特征及其行为表现出与国外发达资本市场不同的特点：

一方面，这一矛盾的存在使一部分能力相对低下的投资人成为基金经理。同合格的基金经理相比，首先，这类基金经理在个人特征上将有所差异，如：年龄普遍较小，从业时间较短等；其次，这类基金经理的行为也将表现出不同的特点，比如，由于投资经验相对缺乏，这类基金经理往往很难独立形成优秀的选股策略，因而更有可能跟随其他基金的投资选择，在选股时与其他基金“抱团”。这使得不同个人特征的基金经理在行为上往往同质化，无疑会影响基金经理异质性对其行为和基金业绩的影响。

另一方面，由于基金管理人才缺乏，一名基金经理同时管理多只基金的情况在我国大量存在。据WIND数据库统计，在我国，大部分基金经理同时管理着多只基金，一名基金经理同时管理基金的最大数量甚至超过20只。由于同时管理多只基金，基金经理的工作重心和很大一部分精力将被束缚于基金的日常性管理事务，用于处理与基金业绩相关的重大投资决策的部分将受到限制。由于精力的限制，优秀的基金经理无法获得与其能力相匹配的业绩。

最后，基金管理人才的缺乏还会导致各基金公司对基金经理的争夺。由此，产生了两种现象：一方面，我国基金经理的任期普遍较短，根据本文的研究数据显示，我国基金经理的平均任期仅为2.06年左右；另一方面，基金更换基金经理的现象在我国大量存在，根据Huang and Wang(2013)的统计结果，2003—2010年间，我国基金经理的年离职率为31.2%～49.8%。而在20世纪90年代，美国基金经理的年平均离职率仅为12.5%。基金经理的高离率，一方面会使得在我国基金经理异质性与基金业绩之间的关系表现出与国外发达市场情境下不同的特征；另一方面，基金经理高流动性所带来的独特数据也为本文研究的开展创造了条件。

同国外相比，由于我国基金行业的特殊管理制度，除了基金经理异质性之外，基金公司的特征对基金业绩同样具有重要的影响。在我国，公募基金牌照获取门槛较高，从 1998 年中国第一家基金公司成立到 2020 年的 22 多年时间里，全国公募基金公司共成立超过 140 家，这些基金公司历史上累计掌管了超过 10 000 只的公募基金。其中基金数量最多的基金公司旗下基金都超过 300 只(而在美国每个基金家族旗下平均仅有约 7 只基金(Warner and Wu，2006))。在同一基金公司内部，各只基金共享而不是分别拥有独立的市场营销、产品研发等团队，基金公司研发团队的研究成果直接决定了各只基金可投资的股票池，进而在一定程度上决定了基金业绩。

同国外相比，我国基金行业的风控标准相对严格。基金公司根据研发团队的研究成果建立股票池，基金经理多数情况下只能从基金公司提供的股票池中选择股票，当所选标的超出股票池后，他们将面临较多的合规审查。对基金经理而言，如果在基金股票池中选择股票，即使无法获得更高的收益，也不会受到惩罚；反之，如果在基金股票池外选择股票，一旦出现损失，就有可能承担较大的压力，甚至危及职业生涯。

此外，中国基金的盈利模式和基金经理激励机制与西方也相差较大。在西方，基金收益更多的来源于基金业绩提成。当基金业绩较好时，基金公司可以获得较高的收益。因此公司有动力向基金经理提供更高的薪酬对其进行激励，基金经理也有更大的动力提出其独立观点。而在中国，公募基金的收益主要来源于按基金规模收取的固定管理费，而与基金业绩关系较弱，基金经理薪酬激励与西方相比力度较小。

最后，由于我国机构投资者成立和发展的历史较短，相关的法律制度仍在不断完善的过程中。在这一特殊阶段，基金经理的行为没有得到充分的规范，选股不作为、虚假交易、操纵市场等败德、违规甚至违法的行为时有发生。郑秉文(2007)以中国社保基金为例,指出违规投资、利益输送、管理混乱和投资制度不合理等问题。由于相应的监督和惩罚机制的不健全,基金经理从事不当行为的成本较低,基金经理从事不当行为的收益和风险不成比例。这会从另一个方面降低基金经理凭借个人能力获利的动机,从而减弱基金经理对基金业绩的影响。

三、职业忧虑对基金经理行为的影响

职业忧虑(career concern)对基金经理行为的影响一直是理论界关注的重点话题之一,最早的研究甚至可以追溯到现代财务理论建立之前。Keynes(1936)指出,投资者可能根据自己掌握的信息形成独特的投资策略,这种策略可能与其他人的判断完全相反。如果他实施了这种策略且成功了,公众将认为这个冲动的投资者只是侥幸而已,而一旦失败则不可原谅。因此,作为一个理性的人,跟随大众的观点,哪怕是错误的观点,也优于坚持特立独行的正确的观点。Keynes(1936)的研究开创了职业忧虑对投资者行为影响的先河,自此之后,一大批关于这一话题的研究涌现出来。

Scharfstein and Stein(1990)在 Keynes(1936)的基础之上,将职业忧虑与基金经理声誉结合起来,并将其归纳为导致机构投资者羊群行为的重要原因之一:基金经理面临着严重的短期业绩压力,如果业绩低于同行,就将面临离职的风险。同 Keynes(1936)一样,基金经理同样要在坚持自己的判断和跟随多数人的判断之间选择,如果坚持自己的判断,成功能够获得的声誉增加很少,而一旦失败,声誉的损失则非常大,极有可能失去工作。跟随大众的选择则不会有这样后果,无论成功还是失败,都不会使基金经理的业绩差于同行,因而不会面临离职。因此,理性的基金经理最优的策略是跟随多数人,由此导致了投资过程中的羊群行为。

Chevalier and Ellison(1999)以 1992 年到 1994 年美国共同基金数据为样

本的研究发现，年轻的基金经理更容易因为较差的业绩而离职。相应地，为了保住其职位，年轻的基金经理会尽量避免非系统风险对其业绩的影响，在投资组合的构建时采取与其他人保持一致的羊群行为。

Malliaris and Yan(2012)认为基金经理能否继续任职的决定因素是基于其历史业绩表现而形成的基金经理声誉，且存在一个临界值，若基金经理的声誉高于临界值，则基金经理可以继续任职；反之，若基金经理声誉低于临界值，则基金经理可能在下一期被解雇。因此，对于声誉处于临界值水平以上的基金经理，职业忧虑对其行为的影响表现为为了避免可能的声誉损失，将采取保守的投资策略，这与现有研究的结论一致；而如果基金经理的声誉水平处于临界值以下，职业忧虑对其行为的影响将表现为为了保住职位，基金经理将不得不采取高风险的投资策略，希望通过高风险带来的高收益可能性弥补其声誉不足，这一结论在我国得到了验证，孟庆斌、吴卫星和于上尧(2015)的研究表明，对于历史业绩处于行业平均水平，能够凭借历史业绩保住职位的基金经理来说，职业忧虑会促使他们更加保守，在投资策略的选择上尽量避免投资损失出现的可能性；而对于历史业绩较差，凭借历史业绩无法保住现有职位的基金经理而言，职业忧虑会促使其更加冒险，在投资策略的选择上通过承担风险，追求高投资收益出现的可能性。

四、基金家族与基金业绩

单只基金的行为并不是完全独立的，而是要受到其所在组织——基金家族的影响。一方面，单只基金能够获得家族的支持。Massa(1998)认为，基金家族的存在是为了迎合投资者异质性的需要，基金家族通过设立不同风格的基金，可以吸引不同类型的投资者。同时，基金业绩在基金家族内部各只基金之间可能存在溢出效应，一只基金取得优秀的业绩能够使基金家族的其他成员获益。Warner and Wu(2006)发现，当基金家族中存在能够取得超额收益的明星基金时，整个基金家族的全部成员基金的费率都将增加，证明了明星基金的溢出效应会使基金家族获益;而当基金家族管理的总资产增加时,由于规模效应的存在,各成员基金的费率都将降低,这将使基金的投资者获益。Gervais, Lynch and Musto(2005)认为,基金家族的存在向市场提供了基金经理能力的额外信息。对于基金经理能力的高低,基金经理本人和投资者之间存在严重的信息不对称,投资者只能凭借基金经理已经实现的业绩评价其能力。而基金家族,特别是大规模的基金家族的存在则可以缓解这种信息不对称的程度,当基金家族拥有足够多的基金经理时,可以通过解聘部分不称职的基金经理向市场传递其他基金经理具有优秀能力的信号。Bhattacharya, Lee and Pool(2013)认为,基金家族能够提高基金业绩,是因为基金家族可以通过对内部资源的配置,为家族成员基金提供流动性的保险,避免陷于流动性困境的基金甩卖所持有的股票而造成收益的下降。

当然,基金家族的存在对单只基金和整个市场而言并非总是好事,家族的管理有可能为了特定的目的而损害单只基金的利益。Spitz(1970),Chevalier and Ellison (1997)以及 Sirri and Tufano (1998)的研究均发现,基金的净现金流入与基金业绩显著正相关,历史业绩优秀的基金未来将获得更多的净现金流入。同时,Sirri and Tufano (1998)的研究发现,历史业绩较差的基金并不会带来显著的净现金流出。上述研究意味着,基金家族通过对家族范围内资源的策略性配置,提高一只或者几只基金的业绩,将使整个基金家族获益。Guedj and Papastaikoudi (2003)的研究发现,基金公司的规模会影响基金业绩,在大规模的基金公司中,基金业绩更具有稳定性。进一步的研究发现,基金业绩的稳定性主要存在于基金公司内部,在同一基金公司内部,某些基金的业绩表现将持续地高于其他基金。造成上述现象是因为基金公司为了维持整个公司的现金流入,有动机对资源进行不均衡配置,从而提高某一只或几只基金的业绩。Nanda, Wang and Zheng(2004)的研究发现,明星基金能够凭借优秀的业绩,为基金本身吸引更多的净现金流入。同时,明星基金吸引现金的能力还具有溢出效应,整个基金家族旗下的所有基金都将因为明星基金的存在而获得正的净现金流入。因此，作为基金家族，特别是业绩较差的基金家族，有动机通过对家族资源的策略性配置，人为地创造明星基金，通过提高特定基金的业绩使整个基金家族受益。Gaspar，Massa and Matos（2006）的研究发现，基金家族会将基金的经营成果在同一家族不同成员基金之间相互转移，家族中优质基金的超额收益是以其他成员基金的业绩损失为代价的。进一步的研究发现，这种经营成果的转移主要通过分配 IPO 资源和基金家族成员之间的反向交易来实现的。

除了上述因素之外，同一家族内部的各只基金的基金经理还存在竞争关系，基金经理为了争夺基金家族内部更好的排名，会相应地调整其投资风格。研究发现，在大的基金家族内，前半年业绩优秀的基金经理在后半年中会采用保守的投资风格，而前半年业绩较差的基金经理在后半年中将采取更加冒险的投资风险；而在小的基金家族内则完全相反。

可以看到，现有文献在研究基金家族对基金业绩的影响时，虽然一定程度上考虑了基金家族对各成员基金的策略性配置，但仍将各只基金作为相对独立的投资主体，起码在法律上是完全独的主体（Bhattacharya，Lee and Pool，2013）研究基金公司对基金业绩的影响。而在我国，基金公司旗下的各只基金共享而不是分别拥有独立的营销和研发团队，基金公司研发团队的研究成果决定了基金可以投资的股票池，基金经理的选股自主性受到基金公司很大的限制。在我国的特定情境下，基金公司研发团队研究能力的高低对基金业绩可能具有更大的影响。

我国基金业经历了蓬勃发展的二十年，基金规模和数量都大幅增长。我国基金数量众多，基金经理个人特征并不完全相同，这导致了不同基金投资行为的差异，最终影响基金业绩。本文从基金经理个人特征、管理幅度、职业忧虑和基金家族四个方面对影响我国基金经理业绩的因素进行了归纳和梳理。目前基金经理个人能力对基金业绩的影响尚未达成共识，不同基金经理个人特征的影响还可能存在交叉、互补和替代效应。我国基金业发展迅速，但基金人才培养缓慢，这造成了选股同质化、基金人才缺乏、人才争夺、基金违规等现象。另一方面，出于名誉受损的可能性和业绩压力，基金经理可能调整自己的投资行为。基金家族内部，单只基金可以受到来自家族的支持，也可能因为家族的特定目的受损。

参考文献

[1] Berk J B, Green R C, Naik V. Valuation and return dynamics of new ventures[J]. Review of Financial Studies, 2004, 17(1): 1-35.

[2] Bhattacharya U, Lee J H, Pool V K. Conflicting family values in mutual fund families[J]. The Journal of Finance, 2013, 68(1): 173-200.

[3] Chevalier J, Ellison G. Risk taking by mutual funds as a response to incentives[J]. Journal of Political Economy, 1997, 105(6): 1167-1200.

[4] Chevalier J, Ellison G. Career concerns of mutual fund managers[J]. The Quarterly Journal of Economics, 1999, 114(2): 389-432.

[5] Chevalier J, Ellison G. Are some mutual fund managers better than others? cross-sectional patterns in behavior and performance[J]. The Journal of Finance, 1999, 54(3): 875-899.

[6] Cohen L, Frazzini A, Malloy C. Sell-Side School Ties[J]. The Journal of Finance, 2010, 65(4): 1409-1437.

[7] Ding B, Wermers R. Mutual fund performance and governance structure: The role of portfolio managers and boards of directors[C] EFA 2005 Moscow Meetings, Forthcoming, 2009.

[8] Fama E F, French K R. Luck versus skill in the cross-section of mutual fund returns [J]. The Journal of Finance, 2010, 65(5): 1915-1947.

[9] Gaspar J M, Massa M, Matos P. Favoritism in mutual fund families? evidence on strategic cross-fund subsidization[J]. The Journal of Finance, 2006, 61(1): 73-104.

[10] Gervais S, Lynch A W, Musto D K. Fund families as delegated monitors of money managers[J]. Review of Financial Studies, 2005, 18(4): 1139-1169.

[11] Gottesman A A, Morey M R. Manager education and mutual fund performance[J]. Journal of Empirical Finance, 2006, 13(2): 145-182.

[12] Guedj I, Papastaikoudi J. Can mutual fund families affect the performance of their funds? [C]//EFMA 2004 Basel Meetings Paper,2003.

[13] Huang J, Wang Y A. The Predictability of Managerial Heterogeneities in Mutual Funds[C]. CICF 2013,上海.

[14] Jensen M C. The performance of mutual funds in the period 1945 - 1964[J]. The Journal of Finance, 1968, 23(2): 389-416.

[15] Keynes J M. The general theory of employment interest and money. London: Macmillan, 1936.

[16] Malliaris S G, Yan H. Reputation concerns and slow-moving capital[C]//AFA 2011 Denver Meetings Paper. 2012: 08-26.

[17] Massa M. Why so many mutual funds? Mutual fund families, market segmentation and financial performance[J]. Mutual Fund Families, Market Segmentation and Financial Performance, 1998.

[18] Nanda V. Family values and the star phenomenon: Strategies of mutual fund families[J]. Review of Financial Studies,2003, 17(3): 667-698.

[19] Scharfstein D S, Stein J C. 1990, Herd behavior and investment[J], The American Economic Review, vol.80, pp.465-479;

[20] Sirri E R, Tufano P. Costly search and mutual fund flows[J]. The Journal of Finance, 1998, 53(5): 1589-1622.

[21] Spitz A E. Mutual fund performance and cash inflows[J]. Applied Economics, 1970, 2(2): 141-145.

[22] Warner J B, Wu J S. Why do mutual fund advisory contracts change? Fund versus family influences[J]. 2006.

[23] 艾洪德,刘聪. 基金经理个人特征与基金投资风格[J]. 财贸经济, 2008(12): 26-31.

[24] 何杰,杨丹. 什么影响着中国基金公司的投资业绩[J]. 财贸经济, 2010(1): 44-50.

[25] 罗真,张宗成. 职业忧虑影响基金经理投资行为的经验分析[J]. 世界经济,2004(4):

63-71.

[26] 孟庆斌，吴卫星，于上尧.基金经理职业忧虑与其投资风格[J].经济研究，2015，50(3)：115-130.

[27] 牛鸿，詹俊义. 中国证券投资基金市场择时能力的非参数检验[J]. 管理世界，2004(10)：29-35.

[28] 汪光成. 基金的市场时机把握能力研究[J]. 经济研究，2002，37(1)：48-55.+95.

[29] 魏先华，朱世武，梁衡义. 中国基金经理能正确把握市场时机吗？[J]. 世界经济，2003(6)：65-71.

[30] 郑秉文. 社保基金违规的制度分析与改革思路[J]. 中国人口科学，2007(4)：2-15+95.

[31] 朱波，文兴易，匡荣彪. 中国开放式基金经理投资行为评价研究[J]. 管理世界，2010(3)：172-173.

形而上的投资观

靳向东

（该文经靳向东先生允许，由靳向东先生在2019年7月28日复旦大学管理学院南京校友联络处十周年活动上的演讲整理而成）

靳向东先生简介：曾任江苏交通控股公司副总经理、投融资委员会主任，江苏云杉资本管理有限公司董事长，江苏交通控股公司投资发展部部长。现任和曾任多家证券公司、保险公司、基金公司和上市公司董事和战投委员会召集人，具有丰富的投资管理经验和资本市场运作经验。复旦大学管理学院1978级校友。

下午好！非常感谢复旦大学管理学院南京校友联络处提供本次机会，让我和各位校友们分享多年来投资实践的一些体会。今天和大家交流的题目，我称之为“形而上的投资观”，希望对大家有所启发。

在哲学上，形而上学是研究哲学本体问题的学问。我这里借用“形而上”这个意思，是想讲一下关于一些投资哲学的本质问题，通俗些说就是有关投资的一些认识、理念，以及我们对待投资应当抱有的态度。

《易经》中有句话，“形而上者谓之道，形而下者谓之器”。投资活动中，我们说的“道”就是投资的本质问题，以及相关的一些认识、理念和态度。而“器”是和“道”相对的，指的是和投资有关的方法、工具，比如我们经常讲的估值方法、策略体系、技术分析等。对这个“器”字，我更喜欢用技术的“术”来代替它。我今天主要讲的是投资之“道”，可能会涉及一些“道”和“术”的关系。

我们以对投资本质的认识开始。投资的本质是什么?简单讲,就是十二个字:"规避控制风险,合理持续回报"。它包括两层意思,一层意思是不发生风险或者减少风险,把投资的本金保住,不产生损失或者少损失;另一层意思,是实现投资的目标,也就是取得合理的回报,而且是持续的回报。这样一讲,大家可能都觉得投资就这么简单,做投资的人,多少都是按照投资的这个本质属性来做的。今天我把这个意思复述一遍,是因为它的内涵其实很丰富、很深刻。然而只有很少的投资人从本质属性为出发点,有意识、系统性地来构建自己的投资哲学,从而形成自己的投资观。这可能是一个成功的投资人和失败的投资人在起跑线上就有的区别。

我借用平面直角坐标系来描述一下"形而上的投资观"。这个坐标系由一个原点、两条轴线、四个象限构成。

一个原点:我将其称之为确定性,虽然每项投资都是一个不确定的事件,但我们做决策时必须围绕确定性这个原点来进行分析,做出判断。

两条轴线:指横轴与纵轴,纵轴定义为情绪,横轴定义为自律。情绪高低、自律程度都是决定我们是否能做正确判断的重要因素和标准。

四个象限:为逻辑性、安全性、时间观和价值观,这"两性"与"两观"是我们进行投资分析判断的不同维度。

从投资分析和决策流程的角度来讲,应是先以四个象限作为分析的起点,再到两条轴线的考量,最后基于一个原点来做决定。因此,作为第一步,我首先从四个象限开始。

第一象限是逻辑性。

每当分析一个项目是否值得投资时,我们首先会探讨"为什么要投?",即分析该项目的投资逻辑。通常我们可以采用产业分析、商业模式研究、估值分析、技术演进等各种工具或方法来开展全面的研究。首先,我们可能会探讨需求层面的问题,譬如:项目的产业前景如何?是不是一个有代表性的产业方向?市场是不是足够广阔?是不是刚性、高频的需求?其次,我们会分析企业的运营能力问题。譬如运营模式行得通吗？是否有需要改进或优化的地方？是否有较高的技术壁垒？最后，我们会探究企业是否会创造价值，是否具备持续的盈利能力？搞清楚以上这些问题，就基本解决了项目投资的逻辑性问题。其实，研究项目投资逻辑的过程并不复杂，关键是要在项目研究中坚持做“有逻辑的分析”。其实，在很大程度上逻辑性和常识是交叉或叠加在一起的，但投资人往往容易受到市场繁荣和情绪亢奋的影响，决策前忽视了“有逻辑的分析”，从而做出了违背常识的错误判断。

举个逻辑性判断的实际案例。2016 年，一些投资机构向我们推荐乐视汽车项目，并从创始人的情怀、乐视计划缔造的商业生态等方面来推介。但我们对乐视进行了基本的逻辑分析和判断：一是在财务数据方面，当时乐视网利润的增速要慢于其应收账款的增速，且利润中应收账款的占比很可能过高；二是在乐视体育业务方面，其大举高价购买国外体育赛事转播权，但大概率不能依此获得利润；三是在汽车制造业务方面，我们并不看好造车新势力的发展，因为汽车工业是一个复杂的系统，一个企业没有理由在短时间内可以完成汽车制造的技术、工艺积累。我们认为乐视的业务布局和扩张太过激进，存在较大的经营风险，造车更是激进的选择。我们最终并没有选择跟进这个项目。

第二象限是安全性。

我主要从宏观环境和公司两个层面来看待投资安全性的问题。首先在经济环境、政策层面，包括国内外的宏观经济形势、经济政策、产业政策、监管政策等，比如目前正在进行的中美贸易谈判，就是高度不确定的。从安全角度讲，我们应当高度警惕，不轻易进攻，特别是要规避一些产业和企业的投资标的。对于一些强力政策补贴的产业，也要给予较高的风险折让来保证安全性。

其次是在公司层面，公司经营、市场竞争、知识产权、财务状况等方面的安全性。这里巴菲特有两条值得我们遵循的规则：第一条规则是“护城河”，主要是公司业务具有别人难以复制或与之竞争的核心竞争力。第二条规则是：“以低于价值的价格买入”，或者反过来讲，公平定价的资产不是我们买入的目标，这一条有时会被理解为“买的好”比“买好的”更为重要。低价买入将为我们提供足够的安全边际，当然，想买到价格低于价值的资产不是那么容易，还是要结合行业和企业的未来，做深入的价值分析。

那么如何寻找低于价格的资产呢？我认为在开展投资前要保持勤奋并且开展大量的研究工作。我曾在2016年推荐过两支后来成为大牛股的股票：恒瑞医药、万华化学，均是基于我个人广泛、深入研究之后做出的价值判断。具体以恒瑞医药为例，我认为这家公司的投资逻辑在于：首先，恒瑞医药不仅仅是一家制药公司，更是当时中国创新药研发体系和研发产品梯队最完备的公司，研发投入也最多；第二，中国癌症发病人数当时大约一年340万人，但据肿瘤权威人士预测未来几年发病人数仍然会高速增长，这将为恒瑞医药肿瘤治疗药物提供更加广阔的市场应用空间；第三，恒瑞医药本身所处的创新药行业一直以来都得到资本市场认可的高估值倍数，这也使得公司本身的估值倍数保持高位；第四，恒瑞医药的财务数据健康稳健，比如他们的研发费用是做费用化处理的，折旧政策也非常保守，如果将这些财务因素考虑进来，公司的盈利空间是比较大的，其价格是明显低于价值的。

此外，我想再强调一点：不要把运气当作能力，不要把巧合当作因果。在安全性上，我们最担心的事情是，我们时不时会通过高风险投资取得高收益，以致忽略了风险就在我们身边，以至于市场繁荣的时候忽略了其中隐藏的高风险。在市场繁荣的时候，我们常常会犯这样的错误。常识告诉我们，高收益特别是暴利是小概率事件，是不可持续的，忽视风险，一味追求高收益，一定会付出沉重的代价。

比如科创板就是一个典型的高收益高风险的例子。其挂牌交易当天，我在朋友圈发了一句话：“我们站在高高的山巅上”。据统计，创业板上市第一天在高位买入股票的人，平均煎熬天数是1 000余日，由于科创板前5日没有涨停板限制，预计比创业板的炒作程度更甚。因此，借鉴创业板的经验，我认为科创板前5日高位买入股票的人未来会受煎熬。我特别关注安全性，可能算得上是一个风险厌恶型的投资人。我的基本想法是，贯穿我们投资成功之路的是风险控制而不是冒进。我们观察一些投资人的投资生涯，大多数成功投资者的成就，是因为他们比别人遇到更少的致败投资，而不是取得多少比别人更多的致胜投资。可以说良好的风险控制是成熟、优秀投资者的标志。减少和控制回撤，赚取复利是成功投资的王道。

第三象限是时间观。

我主要从周期和时点时长两个角度来阐释时间在投资中的作用。

一是周期问题。我们做投资，不能不看经济周期。周期的长短、阶段，对我们做投资决策是十分重要的参照。特别是做资产配置、证券投资、商品期货的投资人，更要看周期。我们知道，房地产、债券、股票、商品期货、贵金属等资产在经济周期的复苏、繁荣、衰退、萧条等不同阶段会有不同的表现。譬如，根据历史数据，美国股票市场的反转平均比经济低谷领先五个月左右的时间，股市的高点平均比经济繁荣的顶点领先九个月左右，股市周期相对于经济周期的提前反应主要源自“预期”因素，预期主要产生于政府对经济的宏观调控政策影响。在此，我推荐一本关于经济周期的书供大家参考：《逃不掉的经济周期》，书中对各种资产在经济周期不同阶段的表现都有比较详细的描述，也有美国经验数据的佐证。

对于周期问题，最容易让人犯错误的是，一个上行趋势或者下行趋势持续的时间很长并达到极端时，很多人会说“这次是不同的”，并找到很多理由来证明“这次是不同的”。然而常识告诉我们，周期从来是不会中断的，繁荣以后有衰退，萧条以后有复苏，周而复始。“这次是不同的”这种想法是对周期的藐视，反过来周期会让你付出沉重的代价，甚至是致命一击。

二是时点和时长问题。永远在正确的时间做正确的事是不可能的，所以我们只能尽力去判断，寻找一个好的交易时点，但真的不必纠结于此。如果我们知道资产的价值，并且在价格较低的时候买入，这时我们要做的事就是坚定持有，让时间为我们创造价值。我们的难处在于，过于超前的决策有时会被市场视为犯了错误，在持有公司股票期间，可能会遇到股价下跌的情况，如经判断并非公司本身的价值发生扭转性变化，而是其他一些外部因素导致了股价下跌，那么我认为正确的做法应该是更加坚定的持有股票，甚至在下跌过程中不断向下摊平持股成本。当然，以上做法的前提是对公司价值有正确的认识。关于时间观，我想说的一句话就是，如果我们是价值投资者，那就应当和时间做朋友！

第四象限是价值观。

我认为，作为一个投资者，应当是一个善良的人，所以我在做投资判断的时候，会遵循我的价值观。如果所投的公司对社会无益，或者有的公司的业务表明它是一个价值观有问题的公司，我基本上不会投的，一票否决。股权投资中，我特别不喜欢那些不能确认能否最后挣钱，需要依靠一轮一轮融资支撑扩展并推高估值的项目，对这些项目我一直持有不同的看法。这些项目有共同的特点，故事编的特别好，都给我们描绘了一幅美好的生态图，并说这些生态中可以长出崭新和高效的商业模式。但事实上呢？有些号称的生态就是一个传说。有些虽然合乎逻辑却根本没有实现转化的能力。这方面的项目，我们在市场上听到不少，一些项目如雷贯耳，有些项目还上市了，但我还是不看好。我举几个例子供大家参考：一是共享单车公司，我认为这类公司很难靠本身的营运创造利润，甚至可能造成较大的社会资源浪费，并不有利于我们倡导的环境资源保护。二是瑞幸，我认为瑞幸可能并不是一家真正做咖啡的公司，而只是依赖巨额补贴低价销售咖啡的方式来经营，客户的粘性是有问题的，客户有可能是冲着补贴、低价来的，大多数也许并不是喜欢你的咖啡。这些公司的商业模式和盈利模式很可能是不可持续的。

以上为四个象限的内容，这个顺序只是为了便于表达与记忆，并没有必然的先后顺序。

接下来谈一谈第二步，两条轴线。

先讲纵轴。我把纵轴定义为情绪。关于情绪在投资中的作用，我们怎么夸大都不过分，以至于巴菲特最有名的名言是:“在别人恐惧时贪婪，在别人贪婪时恐惧”。其实这句话是用“情绪”的语言表述了“逆向思维”“逆向投资”的本质，逆向投资的参照物，的确是和市场情绪有关。实际上，我们最大的投资错误不是来自信息因素或分析因素，而是来自心理因素。因为每个投资人都是有血有肉的人，不可能不受心理因素的支配，我们要成为一个成功的投资人，就要不断地和人性的弱点作斗争。

我们有下面常见的几种干扰我们决策的情绪：

渴望。对收益的渴望是每个投资人开展投资的起点。渴望是正常的，危险产生于渴望变成贪婪的时候。

恐惧。恐惧与谨慎、敬畏不同，是非理性的、过度的一种心理情绪。恐惧心理有非常巨大的杀伤力，因为在极端情形下会变成绝望，如 2015 年到 2016 年初的“股灾”，千股跌停。

从众。也是我们通常讲的羊群效应。当市场形成一致性判断的时候，我们有自我强化的跟随倾向，通过选择性认知的方式加入到羊群中去。

嫉妒。一个在孤独状态下感觉快乐的人，当他看到别人做的更好时，可能会变得不快乐。在投资领域，大多数投资人难以忽视别人比自己赚的钱更多这个事实，所谓“人比人，气死人”。

现实中还有一些其他的负面情绪，这些情绪会让我们进行非理性的交易。我们把这些心理现象的总和称为“情绪加速器”，这些情绪不断地传播、感染，形成了个体与群体的反馈联系，市场情绪就会共振起来，迅速自我强化，2015 年的亢奋与股市“大波动”就是“情绪加速器”的经典表现。

再讲横轴，我把横轴定义为自律。这是非常重要的一条，非常容易理解，但真正做到是难上加难，特别是要有刻骨铭心的失败经历和惨痛教训。我只送给各位一句话，就是我们要把经过长期磨砺形成的投资理念和规则当作宗教一样信仰和遵循，任何时候不为短期利益而冲动行事，绝不越过底线。

第三步，回到原点。

去原点上，我们要对市场保持高度的敬畏之心，要清醒地认识到未来是难以预测、难以控制的，接受周期变化的必然性，接受市场的随机性，保持清醒，留足安全边界，高度自律。这会让我们在其他投资人失去冷静的时候保持理性，在平静中做出正确的投资决策，这将是我们作为投资人的最大一笔财富。

现在我们要做的事，就是经过前面的分析来决定是否进行一项投资。如果我们在分析过程中排除了各种不确定性，从而提供了更多的确定性，如果我们对还存在的不确定性保留了足够的“安全边际”，那我们就下单，并且坚定持有到取得合理回报为止。

所以，在原点上，我的投资座右铭是：做确定性投资，保持安全边际。

好，谢谢大家的耐心倾听。期望以后有更多的交流，谢谢！

（文中观点不代表本书立场）

从全球顶级投行卖方到买方

杨科威

杨科威简介：博士毕业于复旦大学管理学院。导师为著名华人金融学者何华教授。博士期间以动态资产定价、最优投资组合理论和固定收益资产类为主要研究领域。

2007年正式加入雷曼兄弟，并在东京、香港、纽约等地工作，专注于中国宏观策略、全球利率策略和定量组合策略。曾被委派到新加坡协助拓展亚太区利率和汇率的策略和研究。因金融危机，雷曼兄弟亚洲业务被野村证券收购后，杨科威在野村证券继续服务，在承担策略研究的同时开始宏观对冲投资组合管理。在全球著名金融杂志《Institutional Investor》2012年初首次亚洲固定收益资产评选中，杨科威在利率研究方面获得高度评价，获得第一届固定收益策略的第一名。2013年，杨科威作为团队核心成员再次在"Institutional Investor"评选中获得汇率和利率策略第一名。

2013年底，杨科威受邀摩根士丹利，担任亚太区利率策略主管和大中华区首席固收策略师。在加入三个月内，即帮助从未在"Institutional Investor"亚洲固定收益研究评选获得名次的摩根士丹利获得2014年汇率和利率策略崛起新星奖。此后杨科威受公司委任为亚太区利率和汇率策略主管，并最终统管摩根士丹利亚太区固定收益研究，包含固定收益各大类资产，特别是利率、汇率和信用产品。与此同时，杨科威蝉联2015年和2016年"Institutional

Investor"亚洲固定收益研究评选的汇率和利率策略第一名，并带领所管理的团队蝉联2015年和2016年"Institutional Investor"亚洲固定收益研究评选的信用策略第一名。

2016年初，杨科威从卖方转向买方，受邀加入亚洲最大的宏观对冲基金嘉盂资产管理亚洲(Graticule Asset Management Asia，嘉盂的前身即是知名美国对冲基金城堡投资集团(Fortress)的宏观对冲基金)。在嘉盂的新加坡总部担任董事总经理，身兼投资经理、全球宏观策略师和首席中国策略师。2019年末，杨科威受邀加入新加坡本地最大的保险公司——大东方保险集团(Great Eastern)，在大东方集团层面协助首席投资官进行投资管理，并在旗下的利安资产管理公司(Lion Global)作为资深投资组合经理，开始将宏观对冲理念和实践带入传统的保险机构和资产管理公司。

1. 我们知道您一直在亚洲区的海外顶尖大型金融机构从事研究工作，您能大概介绍下这十几年的海外工作内容吗?

在最初的约10年时间，我在卖方的主要工作重心基本上是以研究为主，其中涉及很多方面。从最初入行时以量化技能立身，逐步随着经验的积累以更加宏观的视角来观察分析各资产类，之后逐渐转向投资管理。我最初把较多精力放在主要发达经济体的利率市场，特别是美国和日本，从利率期限结构到波动率的期限结构，从宏观视角到相对价值视角，这为我之后拓展亚太区市场打下了坚实的基石。接触亚洲市场之后，不同大类资产的联动更加密切，因此对亚洲的研究与成熟市场很大程度上把利率和汇率分开分析是很不一样的。利率和汇率又是核心的定价基准，从而需要把一个国家的宏观和全球的宏观动态联系到一起。此后我进入买方，首先在宏观对冲基金，然后在保险和资管。对冲基金机构设置灵活，交易不受限制，类似于国内的私募，风格更注重于交易机会，而保险和资管更注重大类资产配置。

以我自身的工作体验以及管理经验来看，外资机构在职业生涯初期和中期，均有相当大的自由度和灵活度，这一个阶段比较重要的是硬技术(表达沟通能力、量化和逻辑分析能力)，表现好可以获得很好的回报和晋升机会。但步入高层后，那么更多的是软实力(更高阶的表达沟通技巧、团队管理和凝聚能力、公司关系管理能力、危机管理能力)，虽然每个公司都大力提倡平等，但玻璃天花板的存在是不可避免的。

2. 您从复旦大学博士毕业后，直接进入当时全球顶级投行雷曼兄弟，有压力吗？主要表现在哪些方面？2008年金融危机中，您亲身体验到雷曼兄弟的倒闭，能回忆下那段时间的情形与切身感受吗？

作为一个在国内大学成长的学生，在职业生涯初期，我曾经质疑自己是否能够很好的胜任在国际投行的研究工作。在工作初期我自身要面对三个薄弱环节，英语表达(书面的和口头的)、相对内向的性格，以及前台工作的相对低比例的中国人环境。现在回想，那个阶段如何发挥自己的长处和弥补自己的不足很关键。

以语言和沟通技能来说，我当年在国内大学学习期间，并没有太注重英语的使用，即便在一些实习机会中有使用，相对也是比较有限的。但是在毕业进入海外机构后，英语则根本不是技能，相对于大部分人来说那就是本能，所以这不是差距不差距的问题，而是一个必须补足的短板。随着经历的增长，我更是意识到，不论是交易、销售还是研究，要真正做到顶级，那必须有一个很强的综合能力(一个好的研究，本身也必须是一个善于表达的销售，也是一个懂得投资者心态的交易员，反之亦然)。不要为自己找退路，不要期望有个工作岗位可以避开自己的短处，而是要尽量提升自己全方位的竞争能力。我非常感谢我其中一位老板，在我职业生涯初期给予我极大的鼓励，让相对内向的我敢于表达自己、逐渐建立表达自我的自信。

以专业技能来说，我在何华教授的指导下学习了大量前沿的金融理论和实践知识。进入雷曼兄弟初期，我并不知道自己专业技能水平的斤两到底有多少，同时也对国际知名投行人士有一定的崇拜。很幸运的是，我被委派到纽约总部与雷曼兄弟固定收益研究团队的全球利率策略主管手下工作。雷曼兄弟是全球固定收益研究的金字招牌，而这个团队又是其核心精英团队。对初出茅庐的我，真的是一个极佳的学习良机。在一段时间的共事之后，我惊异的发现，其实自己不断积累学习所掌握的专业知识甚至已经超过了该团队的一些成员，而自己所欠缺的更多是对一个特定市场一定时间持续的跟踪和了解。这一发现极大的提升了我的自信，也成为促进我进一步成长的催化剂。

2008年是个有趣的经历，现在来看，我觉得既宝贵也可惜。宝贵在于其极大地冲击了我对所崇拜的理论的认识。在读书期间，金融经典理论发展的脉络让我惊叹于现代金融范式的美，特别是罗伯特莫顿做出极大贡献的（完备市场和非完备市场）金融理论范式。而长期资产管理公司的倒闭对我来说更像是个故事，我作为一个学生很难体会到其冲击的巨大。而2008年，恰恰在我职业生涯的初期，一场金融海啸直接在我的身边发生。当时的我是很难想象，全球最知名的五大美资投行几乎面临全军覆没的局面，而雷曼兄弟这个百年招牌就生生地倒下了。当时还有一个小插曲，2008年9月之前我在纽约供职，当我的领导决定扩展亚太区固定收益和外汇业务时，希望我将雷曼兄弟的利率策略带入亚洲本地市场。鉴于此，我与公司约定8月休假结束后的9月1日正式到新加坡报到，加入逐步壮大的亚洲新团队。我特地选了9月1日，因为那是一个对中国学生很熟悉的日子，一般是新学年开始的日期。这也是我第一次到新加坡这个传说中的花园城市，一切是那么美好，我带着对新业务和新市场的憧憬来到了新加坡。好景不长，一周后，我新加坡的新老板提醒我最好考虑下申请"个人工作签证"。因为"工作签证"是与相关公司挂钩的，一旦公司倒闭，那么"工作签证"即会失效，如果没有在很短时间内找到新的工作，那么必须要离开新加坡；而"个人工作签证"不与公司挂钩，可以确保有相对较长一些的时间找下一份工作。大部分人为了保险起见，也都采取了这一措施，但是乐观的情绪依然存在，即便在雷曼兄弟的最后一周，我们还是比较乐观地认为最多只是换个招牌（巴克莱或者美国银行）。那个最后的周末让人煎熬，我和家人在度假村一样的商务酒店里眼巴巴的看着彭博的新闻报道，而最后的希望也被无情地打散了。不过，好在我们都比较乐观，况且这也不是我们能控制的局面。但现实是残酷的，所需要考虑的是下一站到底往哪里去。在这么大的冲击下，显然不用太过奢望太多的机会，大幅的裁员潮更会将求职市场供需的不平衡推到极致。

接下来的几周，我所在的研究部门还是每天积极的工作和写报告，因为那是我们的核心竞争力和敲门砖。大家也在尽可能地参加各种面试。交易和销售则早已清闲了一整年，毕竟市场很多机构已经早早断绝了和雷曼兄弟的交易往来以避免潜在违约风险头寸。市场可以看到国内流行的泡泡龙在一群老外的屏幕上闪现。

当然，我们(雷曼兄弟的员工，至少在亚洲的员工)是幸运的，甚至远比市场上其他公司和机构的员工更幸运。在短暂的冲击后，野村证券一举收购整个亚洲业务，为了确保保留雷曼兄弟的核心竞争力，野村证券承诺了极其优厚的条件，自然也确保了员工的工作稳定性。而市场其他金融机构则相继进入大幅度的减员降薪潮。福祸相依，也许就是如此吧！

3. 雷曼兄弟倒闭后，您先后在野村证券与摩根士丹利从事卖方研究工作。能描述下这几家世界级投行研究工作的差异吗？美资背景与日资背景的投行在风格上有什么区别？中国人更适合哪种风格？

在卖方期间，我经历了雷曼兄弟、野村证券和摩根士丹利三家公司，他们有相似的地方，也有不同的地方。相似之处在于，这都是以纯粹投资银行业务为主的金融机构，这与有商业银行业务背景的金融机构有很大的区别，前台的交易销售和研究团队都讲究打造精兵团队，公司战略调整更快捷和灵活。其不同之处在于，雷曼兄弟在固定收益领域特别是研究领域相当有积淀，这对刚入行的我帮助很大，毕竟这个行业的成长基本都要靠自身，一个好的平台等于是巨人的肩膀。野村证券是个比较复杂的情况，因为野村证券日本本土的文化氛围和海外业务(金融海啸通过收购重新建立的部分，其中雷曼旧部是早期主要的成分)很不一样。野村证券海外业务基本保留原有美资投行的运作，所以从这个意义上，我所在的野村证券与原先的运作模式没有太大区别，只不过在业务倾向上，更加注重通过投资获得盈利。这在2008年之后是很特别的地方，因为很多国际投行和银行均受美国监管加强的影响而必须关闭曾经风光一时的自营交易部门，而野村证券作为日资投行则得以继续扩展自营交易。所以从严格意义上来说，我并没有体验到日资投行的文化。但是作为对中国金融业国际化或投行国际化的借鉴，野村证券是个很好的样板。虽然其在最近几十年并不足以与欧美顶级投行竞争，但在日本风光一时无二的20世纪80年代，野村证券等一系列日本金融机构伴随经济的崛起和日本企业的海外市场扩张，曾经也是市场的龙头之一。那时的野村证券绝对是可以和所罗门兄弟一起被提得到名号的。随着中国国力的崛起，中资金融机构如何走好国际化，如何行稳致远避免当年日本起落，会是检验中国金融机构的一个考题。

2013—2016年的摩根士丹利则有很不一样的业务文化。我特别提到2013—2016阶段，因为最近几年公司战略重心的不断调整，以下几点都已经有显著变化。首先，其受制于监管已经无法维系自营交易的核心地位；其次，全球固定收益业务那段时期的不景气也大幅削弱了其与强劲股票业务的竞争；第三，全球业务模式的整合带来了投资银行业务和资产管理业务的协调整合；第四，虽然中国相关业务已经完全成为亚洲业务的顶梁柱，但是摩根士丹利是少数几个"真心"对中国比对印度更感兴趣的外资投行。基于此，作为亚太区研究团队的核心，我的重心和野村证券时的自营投资很不一样，重心在于服务客户（即全球最重要的那些投资者），而中国更是成为重中之重。举例来说，我去欧美各国路演极其频繁，通常准备两份资料，一份是亚太区固定收益策略（至少包含10多个国家的利率和汇率策略和研究），而另一份是中国（且只是中国，涵盖地缘政治、高层政治、宏观与政策、大类资产策略等方方面面）。我对中国的崛起非常骄傲，也深深意识到海外投资者普遍缺乏正确的认知。有趣的是，你是能感受到中国的崛起的，因为那些满满的行程中80%以上的会议只是在谈中国、也只想谈中国。纽约总部的秘书曾跟我开玩笑说"你以后得来的更频繁些，因为销售非常欢迎，您的会他们都要抢，15 分钟可以把整个一周全部填满”。这是为什么？这是因为中国崛起的力量。这是一个使无数人获益的 Beta，也许您并没有直接感受到，但是我们这些在海外机构工作的人是能深深感受到其巨大的力量。

4. 2013 年您从进入摩根士丹利亚洲区总部，成为其研究部负责人。这是您正式全面负责一家世界顶级投行研究部门。对您自身而言，有什么改变吗？

2013 年我刚加入大摩时，主要掌管亚太区利率这一大资产类和所有与中国相关的利率汇率等。此后随着业绩的表现，我获得了全面负责亚太区整个固定收益研究部门的任命授权。这对我来说是个机遇也是个挑战。首先，资源配置很重要。在纯粹的投资银行，你很难任意的获得足够的资源。我们团队需要覆盖亚太区十多个主要市场的利率、汇率和信用策略研究，而且我对自己和团队的要求是：(1)将自己置于投资者的角度，为投资者增值，而不是机械地写日报、周报、月报。我们既没有这么多资源，也不该浪费时间在一些简单重复的机械劳动上。(2)策略研究首先要是一个优秀的宏观研究员。我绝不允许团队简单引用宏观或其他团队的结论进而简单轻松地制定交易策略，没有哪个投资者会这么做的。其次，公司内部协调更重要。每个人从技术岗位走向管理岗位会面临那个岗位带来的新挑战。而我这个位子的挑战在于：(1)时区。我们与欧美时区很不一样，欧美与本地客户的需求差异很大。这就需要协调满足欧美业务和本地业务的需求，同时和全球团队协作。(2)业务条线。亚太区固定收益意味着什么？亚太区之外体量能媲美的主要是欧美市场，而这些市场的业务是按 G4 利率、G10 汇率和新兴市场来划分的。亚太区恰恰既有发达市场利率汇率，又有新兴市场利率汇率。也就是说每个全球大类业务条线都或多或少希望亚太区从属于他们。但恰恰我与最重要的更大条线上的全球利率策略主管、全球汇率策略主管、全球新兴市场策略主管以及全球经济研究主管是平级的，而且该区域有大的成熟市场韩国和澳大利亚，也有最大的新兴市场中国和印度。这里很难不特别提到中国，中国的重要性已经使其成为与美国并驾齐驱的全球资产驱动因素。第三，广结善缘极其重要。我的部门隶属于固定收益，与交易和销售部门建立互相信任和尊重极其关键（很多研究部门在这方面很失败），从而促进信息交流，我向来以自身为榜样，要求团队做到不怯上问也不耻下问。此外大摩有极其强大的股票部门和资产管理部门，不同大类资产的交叉提供了大量与股票和资产管理部门合作的机会。我的经验是，他们的额外支持会使你如虎添翼，克服很多障碍。最后，时间很珍贵。每个人都只有一年365天、一天24小时，工作只是人生的一部分。出差在外人眼中是个美差，商务舱头等舱VIP、五星级宾馆常住会员、顶级餐厅的常客，但那消耗的是你其他的时间和健康（特别是陪伴家人的时间）。同时对于有些完美主义的我，这也占用了我大量的时间来为自己增值、为投资者增值。我既然珍惜我自己的时间，那么我也要珍惜我团队的时间。我提到时区的问题，您可以想象每周必定有全球固定收益和宏观研究周会、全球利率、全球汇率、全球新兴市场的常规周会。这毕竟是欧美的天下，会议的时间基本都是晚上。虽然有些人有刻板印象，投资银行做起事来没日没夜，但这对任何人都是不可持续的模式。晚上我们需要陪伴家人，有时候需要和客户或好友相聚，有时候你可能就想去踢场球。所以我需要有礼有节地为团队争取最大限度减少参加不必要（基本无太大价值）的周会。当你有足够的业务部门支持时，这些事可以办到的。

5. 您几年前又从卖方转入买方，除了研究，也开始投资操作，这其中的转变，以及对个人的要求方面能与我们分享下吗？

我在2016年从卖方转入买方。在卖方时，买方投资组合经理是我们的主要客户，我更多面对的是全球宏观对冲基金投资者，听着Soros和Tudor等的故事成长。而亚洲嘉盂（原城堡）宏观对冲基金的创始人就是一个接近这个级别的人物，当2012年第一次“Institutional Investor”评选时，他愿意投选我为第一，2016年他亲自力邀我加盟。我感到非常荣幸在一位业界传奇大佬身边学习和成长。

研究和投资这两者有交集但也有很大不同。研究（我自身的理解）是讲究逻辑的自洽。建立一个完备的分析框架，逻辑是最重要的。我相信谁也没有太多优势来预测未来，但是深入了解事态变化的规律是至关重要的。交易则需要善于把握主要矛盾。市场是非常复杂的，在任何时刻都有很多驱动因素，而且互相交杂，因此把握主要矛盾，把精力放在主要矛盾是一个重要技能。因此，一个显而易见的矛盾是，研究希望把东西看的很透彻很完备，但是交易需要快速的抓大放小，在不完备信息下做出快速决策。我们可以花一周或一个月去琢磨一个好的研究主题和报告，但是你可能只有几秒钟或几分钟来对一个信息做出交易决策反应。

鉴于我长期研究和缺乏做市商交易的背景，我倾向于用拟量化的交易模式来辅助我决定风险头寸的大小、调仓的时机等。很有意思的是，我用自己建立的风险管理体系来分析嘉盂创始人和主要合伙人的风险仓位时，我发现了一定程度的一致性，而他们的风险管理完全是一种交易经验的积累。这些年的经验和教训表明，有些东西说的容易做起来难。投资和打牌有相似的地方，你输的最惨的时候通常不是手上牌不好的时候，而是牌好的时候。因为牌好的时候，即便出现一些警示的迹象，你的自信会让你忽略它们而不及时止损。

此外，头寸对心态的磨练是很重要的。研究本身不带任何头寸，看问题很淡然。头寸会试图牵着你，让你茶不思饭不想，让你雀跃不已，也会让你恶心想吐。研究通常很有成就感，因为你解决了一个个困惑；投资通常很有挫败感，因为市场的行为总比你准备的更意想不到。所以，从研究转向交易，就要放低姿态，学会从失败中爬起来。我比较挑剔一些（可能自己做的多了），我比较偏好有体系的卖方研究员，不太喜欢东扯西拉讲故事的。体系可以完善我们思考问题的逻辑，提升交易的成功概率，而故事比较适合茶余饭后与好友来壶小酒八卦下。

宏观对冲交易机会很多，但是足够大的，且是你专注范围内的，并不会常常出现。这也就意味着真正的宏观对冲交易是很磨人的。在这里，我所说的宏观对冲机会并不包含那些在宏观对冲基金做微观套利的那些类型（这一类型的回报近似于卖空波动性，而宏观对冲理应为投资者在最困难的时候提供回报和风险分散度）。嘉孟的创始人在一次年终聚会上说过，"（宏观对冲）这个业务是个很煎熬人的，是一个长跑。只有坚持痛苦活下去的人，才有可能等来收获的那一刻"。

此外，从风险回报角度来对比，在外资机构卖方做到中层或以上，每年一般有可观的相对稳定的收入，而在对冲基金，你的全年收入完全取决于你的投资收益的提成。说句不好听的，假如一个投资经理收益是0，那么他就欠着公司足以覆盖底薪和其他费用的对应收益。而且惯例是，一年业绩不好或者投资收益的风险和相关性不合适的话，就得另觅他枝了。当然，高风险也对应着潜在高回报。当投资经理生存到抓住大的宏观交易机会的时候，那么回报自然很大。但是前提是，要能生存下来并加上足够的资产规模，因为风控是大同小异的，没有太多宏观对冲基金会容忍5%以上的回撤，所以足够的资产规模才能把大机会转化为丰厚的收益。所以，从研究转向投资需要一定的勇气，毕竟研究员还是可以享受舒舒服服不承担太大风险的日子。当然对于银行中善于自营交易的做市交易员，那么转投对冲基金的吸引力就要大很多。

6. 您在最顶尖的海外机构待了十几年，从雷曼兄弟，到野村证券，到摩根士丹利，再到买方的宏观对冲基金与大型保险公司，积累了非常丰富的一线投研工作经验。您能否从自己的经验来谈谈国内本土名校毕业生如想在世界顶尖投行工作并取得较为满意的成绩，需要哪些准备或能力？

我个人感觉现在的学生和当年已经很不一样。第一，学生各方面综合素质更高，也更多在海外交流学习的机会；第二，学生普遍有较好的家庭支撑，从而削弱了在初期吃苦耐劳的意愿；第三，周期的轮动现在重新偏向于高科技，金融在2008年以后走入一个长的下行周期。所以这个在双向选择过程中，供需的平衡有所改变。比如我在大摩那些年，已经感觉越来越难从全球顶级名校吸引最好的学生了。第二个感觉就是，有些实习生或新员工心气太高，脏活累活不愿做，或者做着不太满意就辞职不干了。这个在我们当年是不可想象的。

对于国内名校毕业生而言，我觉得现在进入世界顶尖投行的渠道可能更多了，但是最主要的应该还是通过实习生计划。所以在就学期间，积累完美的实习经历是最重要的。毕竟大学培养的是综合能力，对于金融机构来说，除了学校之外，差别并不大。相对而言理工科略占优，当然前提是对金融有较好理解的理工科学生。在我们挑选学生的时候，首先是学校（毕竟在最有名的学校更有可能有挑到足够需要的人数），其次是社会经历和实习经验，再次是语言和量化背景（毕竟初期都是搬砖为主）。从这个意义上来说，对大部分学生来说学校已经给定，主观上最加分的就是社会经历和实习经验。在入职以后，以我对全球资本市场业务前台（交易、销售和研究）的理解，量化能力和沟通能力最为关键，前者是把事做好，后者是把做好的事说好。一个典型的对比就是中国员工和印度员工，中国员工平均而言把事做的比较好比较高效，但是沟通效果不太佳，但是印度员工正好相反，从而普遍来看中国员工略为吃亏。

此外，我会建议学生积极主动找机会和业内人士交流，从而了解不同类型机构和业务部门到底做些什么。举个例子，我们提到投行，那么投行业务有哪些？其实投资银行里面，投行业务只是其中一部分，我所涉及的就不是投行业务，而是全球资本市场业务。而在全球资本市场业务里，又分固定收益（利率，汇率，信用和大宗商品）和股票。而业务部门又分前台中台后台。而且，投资银行（其实就是国内的证券公司/券商）也只是金融机构的一部分，此外还有银行、基金、资管、保险、养老、主权基金等重要的机构。深入了解整个生态链，也会有助于长期的职业生涯定位。

7. 2020 年是特殊的一年，全球市场都正在经历未曾有的冲击。就您的经验与视界，对未来如何看待？

2019 年末全球似乎逐渐进入一个周期上升的阶段，2020 年初中美也达成第一阶段协议，好的萌芽刚刚冒出头来，可惜很快新冠病毒席卷全球，而中美关系也在不断变化中，美国大选更是为全球注入巨大不确定性。由于新冠病毒的冲击，全球央行和政府采取了极其积极的政策来应对，全球利率水平降到了更低的水平，央行资产负债表和货币供给大幅飙升，这导致了金融资产和实体经济巨大的反差。但是我们如果从更大的背景来看的话，其实新冠病毒只是进一步加剧和加速一个早已在路上的进程，也就是贫富差距快速拉大，且一次次被进一步扩大。社会矛盾提供了民粹主义的温床，各国政治均向极左或极右大幅迈进。特朗普的当选、英国的脱欧等也只是必然进程的表现。而现在中美关系的变化也是在此大变局背景下发生的。客观的说，我现在的问题多过我有的答案。首先，大幅度的货币供给和财政赤字扩张显然已经点燃股票市场，那么通胀是否真的已经是比较确定要发生的？其次，企业违约的逐步增加以及银行收紧信贷标准是否会成为压垮市场的稻草。第三，就中国而言，如何把自己的事办好，两个循环怎么展开至关重要。鉴于全球的大变局，中国要做好思想准备，2020 年并不是最有挑战的一年，中国只有把自己的事办好，才能见招拆招。我特别会把关注点放到两个循环上面。一是产业链，虽然有诸多讨论提到产业链是否会转移出中国，但是我深信亚洲必然还是产业链的核心，而中国的一带一路是否能进一步深化，从而把中国的贸易盈余（包括对美贸易盈余）转化为收入盈余，这也关系到人民币的区域国际化。二是技术链，如何深化和东北亚经济体的技术合作将成为突破美国科技战的核心。三是区域市场，在挖掘内需的同时，扩大与临近新兴市场的关联，合作共赢，比如亚细安已经成为中国最大的贸易伙伴，期待 RECP 年内是否可以有突破。

至于对于全球市场的看法，我当然有一定的偏向，但是我尊重市场。我首先倾向于让市场告诉我们它的理解。比如当前全球核心定价基准的动态是美元呈现走弱迹象、利率（特别是实际利率）持续走低、股票和大宗商品显著上行。这一逻辑当中，实际利率的下行是比较核心的变量。我不倾向于简单的把利率的下行归因于量化宽松，因为最近几个月以来净美债久期供给扣除美联储的购买已经转正。我们还需要考虑美国财政政策的模式与其带来的储蓄上升和回流到资本市场(包括国债)的动态,也即是说我的倾向是6月初美国疫情再次恶化带来预防性储蓄的再次回升。这更多是我从研究的角度去理解市场。但是从交易角度,我当前所考虑的就是,假如这个资产动态发生改变,可能会有哪些比较可能的局面。比较显而易见的有两个,一个是周期复苏,利率的定价向股票和大宗商品靠拢,而且美元下跌局面确立。另一个是,经济或风险事件引发下行风险大幅上升,股票和大宗向利率定价靠拢,美元走强。在这两个情景下,我们作为关注宏观对冲交易的,就可以在各资产类和交易品种上评估风险回报,进而试图构建凸的风险回报关系。接下来就是让市场告诉你它愿意走哪条路。

巨大的不确定性是今年的核心,但是这也就意味存在着巨大的宏观交易机会。超低的利率也将会提升宏观对冲基金的吸引力,我很期待中国资管行业的不断成熟,各种基金策略得以在中国百花齐放、百家争鸣。

金融信息的产学研结合

巫景飞

巫景飞简介：上海大学经济学院副教授。学术方向为企业战略与产业发展。主持与参与政府部门及数十家大型企业的政策制定与战略咨询服务。浙商资产管理研究院与云通数科的创始人。其中云通数科是目前国内主要私募与公募基金数据信息提供者，是一家着力于基金投资的数据科技公司。

1. 巫老师，您好！目前国内新兴的基金数据提供者云通数科是您参与创立，但我们知道您是企业战略专业方向出身，而且是大学教师身份。能否首先说一说您的职业经历？

我的职业经历其实还是很简单的。我在2005年博士毕业于复旦大学管理学院，导师是芮明杰教授。芮老师是当时国内产业经济学的领军人物之一，同时也对企业战略管理有深厚的研究，当时他在产业经济和企业管理两个方向上带博士，我是企业管理方向。芮老师的培养方式特别注意理论与实践的结合，亲自带我们到企业做调研做服务，然后还把这些经历转换成教学案例或者学术文章，这些经历极大地影响了我后续的发展。2005年博士毕业后，我就进入上海大学经济学院的产业经济研究中心工作，一直到今天。我和大部分大学教师不太一样的是，除了教学科研工作外，我还在社会中做了大量的实践型工作。我个人总结大体可以分三个阶段。

第一阶段，以学术研究和政策咨询为主。从2005年到2009年左右，我的工作重心还是在学校，这个阶段，除了一般的学术研究，我还是做了很多横向课题，为政府和企业提供咨询服务。在复旦读书时，导师芮明杰教授就常教导我们"学以致用，行以博学"，做经济研究如果不了解实际，不能为企业或者政府提供有启发的建议，那就不是一个好的经济、管理学者。因此，我那时对横向课题很看重，经常主动去找课题。我有幸参与了一些较大的课题，比如国务院法制办的关于民用飞机产业立法的研究，比如气候变化中海运行业减排与市场机制设计问题，当时中国在国际海事组织（IMO）的会议谈判背后支撑就是我们做的保障。这些项目的参与，都很偶然，那时很年轻，脸皮也厚，经常是遇到各行各业的人就去问很多问题，然后用经济、管理理论去分析这些行业，在课题研究中得到行业专家的认可，于是他们拉我一起搞合作研究，想起来真是很幸运，非常感谢这些朋友！

第二个阶段，主要是为企业提供咨询服务。大概是2010年开始到2016年，我的工作重心就开始放在社会上。之前做政策咨询的时候发现，我们的建议到政策形成、落地有较大的差距。那个期间我自己思考，企业是市场主体，他们可能更有动力去让研究咨询真正服务于企业实践，接受实践的检验。因此就开始逐渐调整服务重心，先后为数十家大型国有企业、上市公司提供战略咨询服务。现在回头看，做战略咨询最大的好处是，能站在行业发展的高度、站在企业宏观管理的角度去看待企业发展的问题，同时还要接地气。这段时间我自己受益很多，不仅了解了真实的企业微观运行机制，也对产业发展规律有了比较深刻的认识。这个阶段我和企业走的非常近，合作也很深入。其中一个最典型的例子就是帮助浙江国贸集团筹划成立全国第一家地方AMC——浙商资产，然后2014年浙商资产又和我在上海合资成立一家公司制的研究院，浙商资产管理研究院，那是全国第一家以不良资产为主题的研究机构。虽然2016年我退出了研究院，但当时这个研究院在业内颇有影响。

第三阶段，以中小企业为服务重点。由于当时合作的都是大企业，我也发现大企业创新还是比较难的,有资源的往往没动力,产业发展往往是由没有资源但是充满动力活力的小企业来推动。于是从 2016 年左右,开始重点为中小企业提供服务。这几年我管理过孵化器,做过天使投资人,更多的角色是联合创始人,就是和一些志同道合的的朋友一起共同创业,希望用一些新的做法来推动产业的进步与升级。这里面云通数科可能是我参与程度最深的一家企业。

2. 我们知道云通数科是一家国内新兴的基金大数据公司,业内也已经较有名气,那么可否谈谈当时你们为何要创办这样一家企业?

云通数科创立的背景大概有这么几点:第一,当时我在搞浙商资产研究院时候,就已经开始思考如何用数据助力不良资产投资,当时我们开发了全国第一个网络司法拍卖数据库,还做了网络司拍房产价格指数,以此帮助不良资产包的定价支持;第二,当时正好有朋友问我们是否有中国私募对冲基金的数据,我本人是产业研究出生,就特地研究了国内外基金资管产业的差异。我发现,中国无论私募还是公募基金行业相对美国都比较落后,金融资产占家庭比重也低,即使有也是股票为主,很多人对买基金没有概念。但美国不同,接近50%左右的家庭都持有基金,基金是家庭乃至机构金融资产配置的主要标的。基金的数量也非常庞大,而如何识别、配置基金就对基金数据、信息服务提出了需求,由此也带动了基金信息服务行业的发展,比如我们所熟悉的 Morning Star、Lipper 和 Hedgefund Research 等公司都是代表性企业。

但国内的一些基金信息服务商规模不大且分散,更为重要的是不够独立,很多都是基金销售公司的副业。而且市面上的私募基金是以股权私募即 PE 为主,而私募证券基金(可以理解为美国的对冲基金)占大概 20%,像股权这类非标资产远远高过标准证券资产,这明显不合理。于是我和团队经过认真研究认为,随着中国经济的发展,基金资管行业一定会迎来大发展,未来衍生出来的基金信息服务也一定会高速发展。当时我们三个创始人——我,上海大学的同事倪中新教授,他是金融统计专家,研究院的同事冯美云,她是数据专家——一拍即合就成立了公司。我们三个均没有基金资管、销售背景,不指望赚快钱,我们希望用扎实的专业知识来服务这个行业,我们当时的愿景是要成为中国的晨星,这个愿景我们今天也没有改变。晨星是 1984 年成立的,2005 年上市,云通数科才 4 年多点,路还很长。

3. 可否简单和大家分享下云通这几年的成长过程,以及未来云通数科会如何发展?

云通数科是 2016 年 3 月 8 日注册成立的,公司的名字其实是叫上海琻瑢信息科技有限公司,对外商号当时叫私募云通。当时,我们重点主打的产品就是私募证券类基金数据,也可以说就是中国对冲基金的数据,当时很多三方公司、证券公司、期货公司因为代销或者合作发产品,都需要了解合作私募基金公司的历史业绩、投资风格和投资能力,而私募基金产品的数据非常分散而且不规范,搜集整理这些数据是脏活累活,一般人也不愿意去干,但我们认为数据是后续各种算法、模型的基础,没有高质量的数据,一切都是空中楼阁。所以当时我们花费了大量力气去搜集、清洗、整理这些数据,并特别搭建了一个数据自动采集、校验、清洗和存储的数据管理平台,也建立了一套数据质量控制的管理办法。云通最早的收费项目就是中国私募对冲基金数据库(CHFDB)。今天回头看,为什么同期很多看上去高大上的 Fintech 公司消失了,我们还能活下来,我觉得能扎实干脏活、累活是一个重要原因。无数据不金融,其实金融大部分算法、模型大家都差不多,真正可以形成壁垒的是数据以及对业务的深刻理解。

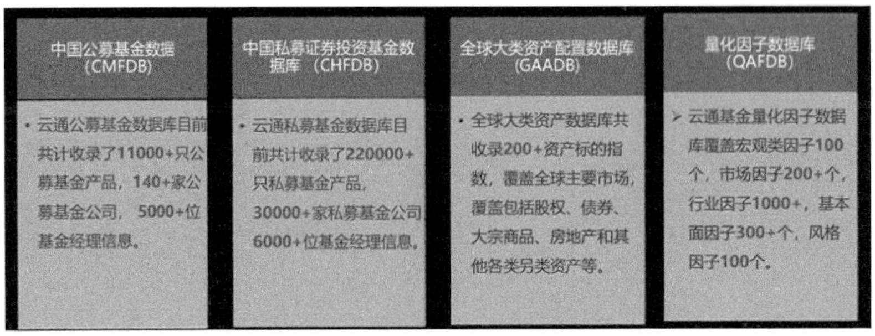

图 1 云通数科四大基础数据库

随着私募数据的丰富完善，我们开始进入到数据的深加工，其中最重要的就是基金评价。我们虽然没有基金评级资质，但不影响我们利用数据对基金进行画像、归因等工作，也可以输出方法论给很多客户内部使用，这是基于数据的一种增值服务。再往后，我们就开始进入到应用系统的建设中，当时主要业务场景就是做私募 FOF 时候的查找、筛选、比较、模拟配置乃至后续的组合管理工作。因为我们自己不做 FOF，所以更多是围绕客户，比如证券公司、期货公司和一些专业的 FOF 机构来订制开发，在逐渐为别人订制开发过程中，我们也逐渐在提炼一个标准化的基金投研平台，于是就有了 FOF POWER1.0，这个产品一直在打磨，如今已经进入 3.0 版本。

图 2　FOF POWER3.0

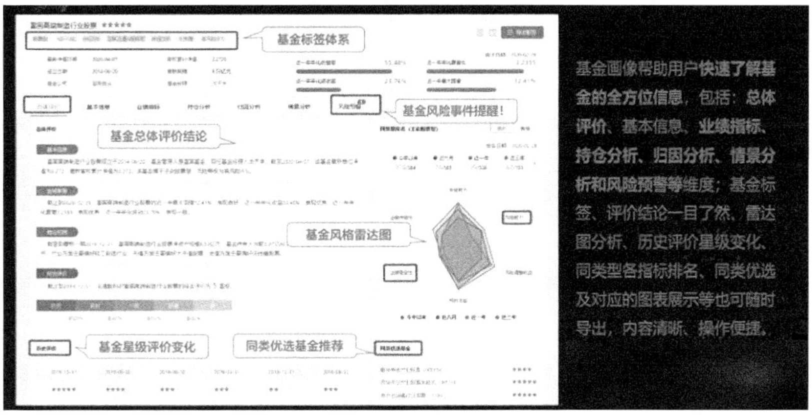

图 3　FOF POWER3.0 数据驱动的基金投研平台

相对私募基金数据，公募基金数据比较容易获取，因此很快我们的系统也接入了公募数据库。随着客户的不断累计，我们对基金的理解日益深厚，再加上我和倪中新教授的学院派身份，这几年也指导学生利用数据开展了很多学术研究，进而也促进了云通数科的基金研究能力持续提升。我们直接或间接（与合作伙伴联合）一起为包括银行、证券、期货、私募基金公司、大学等多类机构提供了数据、系统订制开发、指数编制、FOF投资顾问与培训在内的多种服务。最近，云通数科也很有幸加入京东数科的资管科技生态圈，成为京东数科的紧密合作伙伴。

说到云通数科未来发展，我之前说过，我们三个创始人创立云通的初心是成为中国的晨星，这个初心至少目前还没变。当然做企业是动态、复杂的，中国的资管行业又处于一个变化的时期，未来云通也有很多可能。去年，我们完成当年的承诺，经营团队正式成为控股股东，由他们年轻人担负云通的未来发展的重任。我给我自己的定位始终是老师，是教练，是天使投资人，更是创业者的紧密伙伴，而不是企业经营者！相信后浪比我强，一定能把云通带到更高的高度！

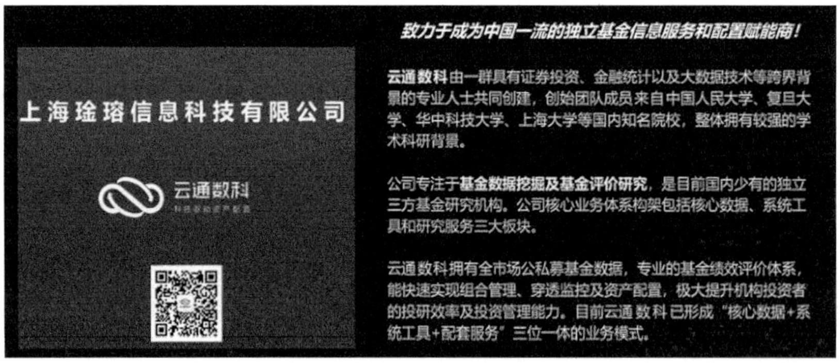

图4　云通数科的愿景

4. 您有这么丰富的产学研教合作经验，可否谈谈大学与企业如何更好协同合作，为双方都带来价值？

这个问题非常好，也是我这么多年一直在思考的问题。就中国目前的状况看，我自己感觉大学科研与人才培养方面相对外面企业有点落伍。当然这只是总体的、相对判断，时序来看我们的大学还是进步很快的。目前很多企业尤其是龙头企业的科研实力，比如说华为的科研实力在某些方面肯定是超越国内一流大学。企业不仅是人才的需求方，其实也是一个人才的培养基地，而且某些优秀企业对人才的培养也比大学培养要给力。当然，我这么说并不是否定大学的科研教育，大学和企业科研和教育的重心不同，有时是无法比较的。

但是需要看到，大学由于相对封闭，缺乏和社会、产业的充分互动，会造成应用性的科研成果并不能很好地与企业结合，或高效地转化为实际的生产力。我自己认为，要改变这点，需要大学更加开放，大学老师也要更加开放。当然开放并不意味着老师都要下海经商，而是要多观察现实、多与社会对话、多参与社会实践，特别是对于应用性学科的教师。开放也意味着包容，包容各种多元的成果形式，而未必局限于发表学术论文。当然现在大学也都开始意识到这些了，都在努力求变，我自己觉得企业家们要抓住这样的机会，在目前人才这么贵的时代，中国的大学里面有非常多的人才资源，如果能找准合作点，创新合作方式，我觉得是一个非常好的合作时机。

产学合作要成功，我自己觉得就是企业要给出真问题，也付出真投入，老师们则要真刀实枪带着同学们深入下去搞研究。初期合作研究的问题不要泛泛而谈、大而空洞，越“小”越具体反而越好，这样大家容易对问题和成果达成一致，然后慢慢积累信任，相互了解能力边界，再逐步深化合作。

当然问题“小”不意味着这个问题不能延续深挖，而是小切口大想象，这样老师就不会把这种合作搞成做短期合作项目。云通数科就是围绕基金研究的产物，我们是带着做永续企业的思路来做研究的。初期虽然我们从私募基金数据开始切入，但是慢慢积累就变成了一系列产品服务、甚至一个可以永续存在的公司。我们这么少的资源，慢慢积累都能达到今天这样，我相信如果龙头企业带着这样的思路与大学教授们合作，大家一定会取得非常卓越的成果！

我们也希望借助《中国机构投资者》(CJII)这个平台与大家一起来探讨、交流，共同探索金融领域的产学研教合作新模式！

2019年度中国基金公司整体投资回报能力排名解读

马健　罗毅

（南京大学会计学系）

当前，我国公募基金业快速发展，截至2019年12月，各类公募基金达到6 270只，而中国沪深上市股票数量总计为3 777只。从概率的角度说，公募基金的选择较上市公司股票的选择难度更大，因此需要专业研究人员对公募基金进行评价，而当前市场上的绝大多数评价只对单只基金进行评价，这种评价方法具有以下两个缺点：一是反转效应。即基金经理的机会主义行为可能会使基金在当期取得优胜业绩，进而吸引大量基民申购，然而这种机会主义行为带来的优胜业绩不具有持续性，往往如流星般一闪而过，其业绩的快速反转给大量跟风申购的基民造成巨亏。二是"包装炒作"。部分基金公司由于旗下管理的基金较多，为提高公司知名度，其调动旗下其他基金为其中的某几只基金"抬轿"，人为包装出"明星基金"，再通过关联媒体的炒作，引发大量基民购买或申购旗下基金，并因此而获利，但整体来看，基金公司的这一行为对旗下其他基金的投资者造成了巨大损失，同时也为新涌入基民的投资安全埋下隐患。

鉴于当前基金评价方法较难克服以上两点缺陷，南京大学会计学系林树教授开发并于2008年在国内首次推出"中国基金管理公司整体投资回报能力评价(TIP Rating)"体系。该评价体系具有以下优点：一是整体性。该方法对样本基金公司管理的所有基金进行评价，据此对基金公司整体投资能力进行评价，原因在于同一公司旗下所有基金产品均共用公司的同一个投研平台，公司投资研究实力的强弱也是基金公司投资管理能力的一个重要组成部分，同时避免基金公司通过包装炒作、人为造星对基民的故意误导，使那些真正执着于资本市场研究、忠实履行投资职责的基金公司凸显出来。二是一致性。根据该评价方法，通过样本期的调整对基金公司短期、中期、长期整体投资管理能力进行全面考察，为基民识别出那些长期保持优异投研能力的基金公司，避免部分基金公司基金经理的机会主义行为引发“反转效应”，对基民造成损失。三是客观性。由于该方法完全基于公开数据，得到的评价结果更加客观公正。综上所述，该评价体系着重考虑基金管理公司的整体投资管理能力，而不是单只基金的业绩，可以反映基金管理公司整体投研实力的强弱与均衡与否。样本范围包括内地基金公司旗下的中长期纯债型基金、普通股票型、偏股混合型、平衡混合型、偏债混合型、债券型、指数型、货币型以及灵活配置型等类型基金。基金公司整体投资回报能力评价得分的计算规则如下：

1. 首先根据 Wind 基金分类标准（投资类型二级分类）计算期间内样本基金公司旗下各类型样本基金在同类型基金中的相对排名，计算得出这只基金的标准分。

2. 给参与排名计算的基金赋于权重。

3. 按权重与标准分计算得到该基金公司的整体投资回报能力分值。

4. 将基金公司整体投资回报能力分值由高到低排序，得出该期间基金管理公司整体投资回报能力评价名次。

《中国公募基金管理公司整体投资回报能力评价研究（2019）》选择的时间段为三年期、五年期、十年期。部分结果如表 1 所示。

表 1　三年期基金公司投资管理能力排名

整体投资回报能力排名	基金公司（简称）	整体投资回报能力得分	样本基金数量
1	东证资管	2.199	35
2	长安	0.913	12

（续表）

整体投资回报能力排名	基金公司(简称)	整体投资回报能力得分	样本基金数量
3	银华	0.908	72
4	易方达	0.735	124
5	财通证券资管	0.734	4
6	兴全	0.708	18
7	中融	0.707	33
8	泓德	0.696	21
9	嘉合	0.683	4
10	西部利得	0.662	27
11	民生加银	0.646	48
12	圆信永丰	0.624	9
13	中欧	0.552	63
14	金元顺安	0.536	11
15	国金	0.493	6
16	交银施罗德	0.490	86
17	泰康资产	0.485	19
18	国海富兰克林	0.477	28
19	新沃	0.464	5
20	新疆前海联合	0.452	13
21	中加	0.449	18
22	永赢	0.443	4
23	海富通	0.442	42
24	景顺长城	0.442	70
25	方正富邦	0.428	10
26	上银	0.381	5
27	招商	0.365	138
28	泰达宏利	0.365	48
29	广发	0.355	138
30	华泰柏瑞	0.343	50

注：样本基金公司109家，表中只列示前30名基金公司。

表 2 三年期东证资管基金公司旗下基金概览

整体投资回报能力排名	基金公司（简称）	基金名称	投资类型（二级分类）	样本基金数量	同类基金中排名	期间内规模（亿）
1	东证资管	东方红 6 个月定开	中长期纯债型基金	660	132	15.921
1	东证资管	东方红稳添利	中长期纯债型基金	660	184	15.349
1	东证资管	东方红益鑫纯债 A	中长期纯债型基金	660	197	7.734
1	东证资管	东方红益鑫纯债 C	中长期纯债型基金	660	315	4.906
1	东证资管	东方红睿逸	偏债混合型基金	115	3	10.658
1	东证资管	东方红稳健精选 A	偏债混合型基金	115	4	6.231
1	东证资管	东方红稳健精选 C	偏债混合型基金	115	7	0.190
1	东证资管	东方红价值精选 A	偏债混合型基金	115	8	8.323
1	东证资管	东方红价值精选 C	偏债混合型基金	115	11	1.374
1	东证资管	东方红战略精选 A	偏债混合型基金	115	22	9.003
1	东证资管	东方红战略精选 C	偏债混合型基金	115	31	1.147
1	东证资管	东方红信用债 A	混合债券型一级基金	147	13	5.467
1	东证资管	东方红信用债 C	混合债券型一级基金	147	17	2.064
1	东证资管	东方红汇利 A	混合债券型二级基金	363	33	11.432
1	东证资管	东方红汇阳 A	混合债券型二级基金	363	34	21.695
1	东证资管	东方红汇利 C	混合债券型二级基金	363	43	3.413
1	东证资管	东方红汇阳 C	混合债券型二级基金	363	44	3.972
1	东证资管	东方红收益增强 A	混合债券型二级基金	363	69	13.258
1	东证资管	东方红收益增强 C	混合债券型二级基金	363	85	3.487

(续表)

整体投资回报能力排名	基金公司（简称）	基金名称	投资类型（二级分类）	样本基金数量	同类基金中排名	期间内规模（亿）
1	东证资管	东方红睿元三年定期	灵活配置型基金	1 248	1	10.542
1	东证资管	东方红沪港深	灵活配置型基金	1 248	4	47.007
1	东证资管	东方红睿华沪港深	灵活配置型基金	1 248	5	65.079
1	东证资管	东方红中国优势	灵活配置型基金	1 248	12	60.750
1	东证资管	东方红睿满沪港深	灵活配置型基金	1 248	16	10.856
1	东证资管	东方红睿轩三年定开	灵活配置型基金	1 248	23	24.822
1	东证资管	东方红产业升级	灵活配置型基金	1 248	26	47.891
1	东证资管	东方红睿丰	灵活配置型基金	1 248	30	64.204
1	东证资管	东方红优享红利沪港深	灵活配置型基金	1 248	45	18.732
1	东证资管	东方红优势精选	灵活配置型基金	1 248	53	11.588
1	东证资管	东方红睿阳三年定开	灵活配置型基金	1 248	117	10.753
1	东证资管	东方红领先精选	灵活配置型基金	1 248	294	4.565
1	东证资管	东方红新动力	灵活配置型基金	1 248	488	28.137
1	东证资管	东方红京东大数据	灵活配置型基金	1 248	493	14.019
1	东证资管	东方红策略精选A	灵活配置型基金	1 248	558	7.931
1	东证资管	东方红策略精选C	灵活配置型基金	1 248	623	0.448

表1显示的是位列三年期109家样本基金公司排行榜中位居榜单前30名的公司。我们以排名第一的东证资管基金公司为例说明为什么该基金公司在三年期基金整体投资回报能力中排在榜首。如表2所示，东证资管旗下拥有多只规模较大的样本基金，且多数在同类型的基金中位列前茅，如东方红睿元三年定期、东方红沪港深、东方红睿华沪港深、东方红中国优势、东方红睿满沪港深、东方红睿轩三年定开、东方红产业升级、东方红睿丰、东方红优享红利沪港深基金在同期1 248只灵活配置型基金分别排到第1、第4、第5、第12、第

16、第 23、第 26、第 30、第 45 名，均排在同类型基金的前 50 名，仅这 9 只基金总额便占东证资管基金公司总投资规模的 61.07%。此外，该公司旗下存在几只样本基金规模虽小，但在同类型的基金中排名靠前，如东方红睿逸、东方红稳健精选 A、东方红稳健精选 C、东方红价值精选 A 等在同期 115 只偏债混合型基金中分别排到第 3、第 4、第 7、第 8 名，均位列该类型基金前 10 名，以上两点是东证资管公司在三年期整体投资回报能力评价中排名第 1 的重要原因。

表 3　五年期基金公司投资管理能力排名

整体投资回报能力排名	基金公司(简称)	整体投资回报能力得分	样本基金数量
1	东证资管	2.398	3
2	中欧	0.928	11
3	国金	0.867	3
4	交银施罗德	0.839	43
5	兴全	0.803	13
6	中加	0.728	4
7	金元顺安	0.717	8
8	易方达	0.716	71
9	中融	0.705	5
10	民生加银	0.671	31
11	安信	0.662	11
12	诺德	0.614	8
13	摩根士丹利华鑫	0.575	21
14	国海富兰克林	0.574	19
15	汇添富	0.555	55
16	方正富邦	0.511	5
17	财通	0.507	4
18	英大	0.411	4
19	富国	0.385	57
20	广发	0.383	60
21	平安	0.376	8
22	景顺长城	0.374	41
23	富安达	0.373	7

（续表）

整体投资回报能力排名	基金公司(简称)	整体投资回报能力得分	样本基金数量
24	金鹰	0.340	11
25	国泰	0.316	40
26	建信	0.300	58
27	上银	0.269	3
28	招商	0.264	47
29	大成	0.261	52
30	国寿安保	0.253	8

注:样本基金公司84家,表中只列示前30名基金公司。

表4 五年期东证资管基金公司旗下基金概览

整体投资回报能力排名	基金公司（简称）	基金名称	投资类型（二级分类）	样本基金数量	同类基金中排名	期间内规模（亿）
1	东证资管	东方红睿丰	灵活配置型基金	231	2	63.222
1	东证资管	东方红产业升级	灵活配置型基金	231	7	47.886
1	东证资管	东方红新动力	灵活配置型基金	231	56	21.072

表3显示的是五年期84家样本基金公司排行榜中位居榜单前30名的公司。位列榜首的依然是东证资管基金公司,我们以该基金公司为例说明其在五年期基金整体投资回报能力中位居榜首的原因。如表4所示,虽然东证资管基金公司旗下仅3只基金:东方红睿丰、东方红产业升级、东方红新动力,但这3只基金在同期231只灵活配置型基金中分别排到第2名、第7名、第56名,均位列前茅。此外,该三只基金在此期间的规模较大,总规模为132.18亿元,其中在同类型基金中排名前十的两只基金——东方红睿丰和东方红产业升级总规模为111.11亿元。而排名第2的中欧基金公司和第3的国金基金公司的基金规模分别为253.13亿元和101.01亿元,相较于排名第1的东证资管并未具有明显的规模优势,且两家基金公司旗下基金在各自所属基金类型中的排名差异较大,综合水平较东证资管有所不如。因此就综合表现而言,东证资管基金公司在五年期整体投资回报能力评价中排名第1。

表 5　十年期基金公司投资管理能力排名

整体投资回报能力排名	基金公司(简称)	整体投资回报能力得分	样本基金数量
1	中欧	1.217	4
2	汇添富	1.077	11
3	富国	0.951	16
4	兴全	0.876	6
5	民生加银	0.831	3
6	景顺长城	0.692	11
7	华富	0.632	8
8	农银汇理	0.625	4
9	摩根士丹利华鑫	0.583	4
10	汇丰晋信	0.490	5
11	新华	0.472	3
12	诺德	0.459	4
13	银河	0.409	10
14	南方	0.405	18
15	国海富兰克林	0.389	8
16	易方达	0.355	21
17	华安	0.225	16
18	工银瑞信	0.224	12
19	国联安	0.208	9
20	嘉实	0.202	16
21	交银施罗德	0.157	13
22	中银	0.139	8
23	华夏	0.129	24
24	中信保诚	0.125	6
25	国泰	0.120	14
26	博时	0.110	18
27	华商	0.097	5
28	万家	0.088	9
30	招商	0.048	12

注：样本基金公司 30 家，表中只列示前 60 名基金公司。

表 6　十年期中欧基金公司旗下基金概览

整体投资回报能力排名	基金公司（简称）	基金名称	投资类型（二级分类）	样本基金数量	同类基金中排名	期间内规模（亿）
1	中欧	中欧价值发现 A	偏股混合型基金	253	8	31.141
1	中欧	中欧新趋势 A	偏股混合型基金	253	59	27.691
1	中欧	中欧行业成长 A	偏股混合型基金	253	83	30.740
1	中欧	中欧新蓝筹 A	灵活配置型基金	53	2	24.867

表 5 显示十年期 60 家样本基金公司排行榜中位居榜单前 30 名的公司。位列榜首的是中欧基金公司，我们以该基金公司为例说明其在十年期基金整体投资回报能力中位居榜首的原因。如表 6 所示，中欧基金公司能取得综合第 1 的原因与五年期榜单中东证资管基金公司位列榜首的原因类似：虽然公司旗下基金数量不多，但其基金的规模较大以及在同类基金中的排名靠前。中欧基金公司旗下基金共四只，其中价值发现 A 基金在同期 253 只偏股混合型基金中排第 8，中欧新蓝筹 A 基金在同期 53 只灵活配置型基金中排第 2，这两只基金在中欧基金公司总体规模中占比 48.94%。而其他两只基金中欧新趋势 A 和中欧行业成长 A 也分别在同类 253 只偏股混合型基金中排名 59 名和 83 名，处于排名相对靠前的位置。以上就是中欧基金公司在长期整体投资回报能力评价中排名第 1 的原因。

通过这一评价体系，投资者可以了解一家基金公司每一只样本基金产品收益在同期同类基金产品的排名情况，在观察某一基金公司旗下所有样本基金在同类基金中的收益排名后，我们基本就可以清楚这家基金公司的综合投资管理能力。如果某一家基金公司旗下大部分样本基金在同类基金中排名靠前，那么我们可以认为其整体投研实力较好。如果某一家基金公司大部分样本基金在同类基金中排名靠后，或仅少数基金排名较前，则我们一般认为该基金公司的整体投研实力不强，或由于投研实力的欠缺只能在某些基金产品上取得较好的相对业绩。

在通过对短期、中期、长期排名结果的观察后，我们可以看到有些基金公司的整体投研能力比较稳定，在短、中、长期的排名变化波动较小。但有些基金公司的整体投研水平则随时间出现较大波动，在短、中、长期的排名变化较大。如果对典型基金公司进行案例分析，我们也许可以看出在投资管理行业经营的成败之因。

在后继年度的基金公司整体投资回报评价研究中，我们将进一步对不同投资类型的基金产品进行更加细致的分类，并在此基础上进行业绩分析，这些将有助于基金投资者或管理者更加清晰地了解国内公募基金的投资能力与行业概况。希望该体系下的排行榜能为广大基金投资者知悉，对其选择基金投资，实现财富保值增值有所助益。

中国证券分析师排行榜
2019 年度榜单解读

葛逸云　刘　静
（南京大学会计学系）

随着我国资本市场的不断发展，证券分析师队伍也日益壮大。作为重要的资本市场信息中介，证券分析师凭借其较强的信息搜集能力和专业分析能力，撰写研究报告向市场参与者提供投资决策建议，成为投资者投资决策的重要参考依据。一个客观、公正、可验证的分析师评价体系对于买卖双方乃至资本市场的规范运作具有重要意义。

国内资本市场多使用“买方投票”数量的形式来对各行业的证券分析师进行排名。虽然这种评价模式具有一定合理性及综合性，但其主要依据买方机构的主观打分对分析师进行评价，此种评价模式的客观性、公正性无法得到保证。此外，由于证券分析师的研究报告为投资者提供投资决策依据，投资者更加关注证券分析师的专业分析能力，尤其是盈利预测能力。但是，“买方投票”的评价形式没有能够对分析师的盈利预测能力进行透明公开的评价，投资者仍然无法知晓分析师真正的证券分析与预测能力。

基于上述国内分析师评价的现状，林树教授分析师研究团队试图从分析师最重要的能力——“盈利预测准确性”出发对分析师专业能力进行评价，提供一种更加透明、客观、可验证的分析师评价模式，并最终形成“中国证券分析师排行榜”2019 年度榜单。该榜单主要基于林树教授团队的学术成果《中国证券分析师与证券公司预测准确性评价研究 2019》对各行业分析师进行排名。"中国证券分析师排行榜"不仅对现有的分析师评价体系形成有益补充,对国内证券分析师的客观评价与标准建立有着重要意义,更为我国资本市场的证券投资者、证券研究从业者与监管者等各方参与者提供重要的参考价值。

"中国证券分析师排行榜"基于分析师盈利预测准确性,分别对证券分析师个体与证券公司进行评价。为避免评价短期化可能会引导分析师行为短期化,该榜单仅从中长期对分析师与证券公司进行评价,展现三年期与五年期的"中国证券分析师预测准确性评价"与"中国证券公司研究实力评价"结果。投资者可以借此看出我国证券分析师行业的发展态势以及不同证券研究机构的实力及分析师的专业能力。

(一)方法简介

每股收益指标对股票估值及投资者决策的重要作用。基于此,《中国证券分析师与证券公司预测准确性评价研究 2019》以每股收益预测准确性作为评价分析师盈利预测能力的主要依据,综合考虑分析师的平均预测表现和最佳预测表现,得到对分析师预测能力的整体评价。在上述基础上,综合考虑证券公司的整体预测能力并对其进行评价,并在注重证券公司拥有优秀分析师数量的同时,综合考虑了证券公司体量等成本因素,多维度、全方位的对证券公司的预测水平及成本效益进行评价。

《中国证券分析师与证券公司预测准确性评价研究 2019》基础数据全部来源于 CSMAR 数据库(深圳国泰安教育技术有限公司),涉及指标包括分析师姓名、分析师编码①、所属证券公司名称、预测公司证券代码、证券简称、预测终止日、预测每股收益及实际每股收益。

在对行业分类的处理上,《中国证券分析师与证券公司预测准确性评价研究 2019》以中证指数有限公司公布的上市公司行业分类为准②,并在中证行业

① CSMAR 内部编码,具有唯一性。

② 具体行业分类原则参见中证指数有限公司官网(http://www.csindex.com.cn/)《关于行业分类的说明》。

划分的二级行业基础上进行一定调整，最终形成25个行业分类如下：①主要消费—食品、饮料与烟草(除农牧渔产品)；②主要消费—农牧渔产品；③信息技术(含半导体、计算机及电子设备、计算机运用)；④公用事业；⑤医药卫生(含医疗器械与服务、医药生物)；⑥原材料—原材料1(含化学制品、化学原料)；⑦原材料—原材料2(含建筑材料、有色金属、钢铁、非金属采矿及制品)；⑧原材料—轻工(含家庭与个人用品、容器与包装、纸类与林业产品)；⑨可选消费—传媒；⑩可选消费—汽车与汽车零部件；⑪可选消费—消费者服务、耐用消费品与服装；⑫可选消费—零售业；⑬工业—交通运输；⑭工业—商业服务与用品；⑮工业—资本品1(含工业集团企业、建筑与工程、建筑产品)；⑯工业—资本品2(机械制造)；⑰工业—资本品3(环保设备、工程与服务)；⑱工业—资本品4(电气设备)；⑲工业—资本品5(航空航天与国防)；⑳工业—资本品6(贸易公司与经销商)；㉑电信业务(含电信服务与通信设备)；㉒能源；㉓银行；㉔非银金融(含保险、资本市场、其他金融)；㉕房地产。

指标设计思路如下①：

1. 分析师层面

在对分析师预测能力进行评价时，首先在单只股票维度计算出分析师每次预测准确度的相对排名并进行标准化。为全面考察证券分析师研究报告的“质”与“量”，在从股票维度得到分析师每次预测的标准分后，分别从平均表现和最佳表现两个维度对分析师预测准确性进行评价。

从平均表现维度对分析师表现进行评价时，取分析师在某行业内跟踪全部公司的预测标准分的均值作为分析师平均表现打分，若分析师跟踪公司横跨不同行业，则对其在不同行业内的预测准确性表现分别评价；在从最佳表现维度对分析师表现进行评价时，以分析师在某行业内跟踪的全部公司中的最优预测标准分作为分析师最佳表现打分，若分析师跟踪公司横跨不同行业，则

① 具体指标计算方法请参见林树、刘静著《中国证券分析师与证券公司预测准确性评价研究2019》，东南大学出版社2019年10月出版。

对其在不同行业内的准确性表现分别评价。

最终，各行业中平均表现维度与最佳表现维度排名均位于前五名的分析师成为2019年度“最佳分析师”。

2. 证券公司层面

在证券公司层面，从证券公司全部分析师预测准确度表现均值角度及拥有明星分析师席位角度两个维度对证券公司预测能力进行评价。

从证券公司拥有明星分析师席位角度对证券公司预测能力进行评价时，以各行业内表现最佳的前五名分析师为明星分析师，并依据各证券公司拥有明星分析师席位对证券公司的预测能力进行评价。

最终，明星分析师席位排名平均维度与最佳维度均位于前十名的研究机构成为2019年度“最佳研究机构”。

（二）2019年度最佳分析师及最佳研究机构榜单

1. 五年期最佳分析师（表1）

表1　五年期最佳分析师榜单①

分析师姓名	所属行业	所属证券公司②
文　献	主要消费——食品、饮料与烟草（除农牧渔产品）	平安证券股份有限公司
刘晓宁	公用事业	上海申银万国证券研究所有限公司
冀丽俊	公用事业	上海证券有限责任公司
汪　洋	公用事业	兴业证券股份有限公司
郭丽丽	公用事业	方正证券股份有限公司
范海波	原材料——原材料2（含建筑材料、有色金属、钢铁、非金属采矿及制品）	信达证券股份有限公司
樊俊豪	原材料——轻工（含家庭与个人用品、容器与包装、纸类与林业产品）	中国国际金融股份有限公司
周海晨	原材料——轻工（含家庭与个人用品、容器与包装、纸类与林业产品）	上海申银万国证券研究所有限公司
孟　玮	可选消费——传媒	中国国际金融股份有限公司

① 表中为五年期各行业平均维度与最佳维度排名均位于前五名的分析师。

② 所属证券公司信息为分析师截至2019.04.30最后一次发布报告时所处的证券公司，下同。

（续表）

分析师姓名	所属行业	所属证券公司
廖绪发	可选消费——传媒	北京高华证券有限责任公司
奉　玮	可选消费——汽车与汽车零部件	中国国际金融股份有限公司
汪刘胜	可选消费——汽车与汽车零部件	招商证券股份有限公司
唐佳睿	可选消费——消费者服务、耐用消费品与服装	光大证券股份有限公司
徐　春	可选消费——消费者服务、耐用消费品与服装	长江证券股份有限公司
唐佳睿	可选消费——零售业	光大证券股份有限公司
杨　鑫	工业——交通运输	中国国际金融股份有限公司
龚　里	工业——交通运输	兴业证券股份有限公司
花小伟	工业——商业服务与用品	中信建投证券股份有限公司
鲍荣富	工业——商业服务与用品	华泰证券股份有限公司
曾朵红	工业——资本品4（电气设备）	东吴证券股份有限公司
郑丹丹	工业——资本品4（电气设备）	浙商证券股份有限公司
邹润芳	工业——资本品5（航空航天与国防）	天风证券股份有限公司
高　嵩	工业——资本品5（航空航天与国防）	中信证券股份有限公司
王　超	工业——资本品5（航空航天与国防）	招商证券股份有限公司
宋嘉吉	电信业务（含电信服务与通信设备）	国盛证券有限责任公司
唐海清	电信业务（含电信服务与通信设备）	天风证券股份有限公司
王　强	能源	招商证券股份有限公司
刘晓宁	能源	上海申银万国证券研究所有限公司
邓　勇	能源	海通证券股份有限公司
马鲲鹏	银行	上海申银万国证券研究所有限公司
励雅敏	银行	中银国际证券股份有限公司
邱冠华	银行	国泰君安证券股份有限公司
傅慧芳	银行	兴业证券股份有限公司
孙　婷	非银金融（含保险、资本市场、其他金融）	海通证券股份有限公司
沈　娟	非银金融（含保险、资本市场、其他金融）	华泰证券股份有限公司
缴文超	非银金融（含保险、资本市场、其他金融）	万联证券股份有限公司
乐加栋	房地产	广发证券股份有限公司
陈　聪	房地产	中信证券股份有限公司

2. 五年期最佳研究机构①

安信证券股份有限公司、招商证券股份有限公司、国泰君安证券股份有限公司、兴业证券股份有限公司、中国国际金融股份有限公司、广发证券股份有限公司、上海申银万国证券研究所有限公司。

3. 三年期最佳分析师(表 2)

表 2 三年期最佳分析师榜单②

分析师姓名	所属行业	所属证券公司
苏 铖	主要消费——食品、饮料与烟草(除农牧渔产品)	安信证券股份有限公司
薛玉虎	主要消费——食品、饮料与烟草(除农牧渔产品)	方正证券股份有限公司
丁 频	主要消费——农牧渔产品	海通证券股份有限公司
李 想	公用事业——公用事业	中信证券股份有限公司
江 琦	医药卫生——医药卫生	中泰证券股份有限公司
王招华	原材料——原材料 2(含建筑材料、有色金属、钢铁、非金属采矿及制品)	光大证券股份有限公司
陶贻功	原材料——原材料 2(含建筑材料、有色金属、钢铁、非金属采矿及制品)	民生证券股份有限公司
笃 慧	原材料——原材料 2(含建筑材料、有色金属、钢铁、非金属采矿及制品)	中泰证券股份有限公司
樊俊豪	原材料——轻工(含家庭与个人用品、容器与包装、纸类与林业产品)	中国国际金融股份有限公司
孟 玮	可选消费——传媒	中国国际金融股份有限公司
奉 玮	可选消费——汽车与汽车零部件	中国国际金融股份有限公司
郑 武	工业——交通运输	国泰君安证券股份有限公司
杨 鑫	工业——交通运输	中国国际金融股份有限公司
姜 明	工业——交通运输	天风证券股份有限公司
祖国鹏	工业——商业服务与用品	中信证券股份有限公司
王宇飞	工业——资本品 5(航空航天与国防)	中国国际金融股份有限公司

① 2019 年度(截至 2019 年 4 月 30 日)五年期样本的研究机构共 56 家,明星分析师席位排名平均维度与最佳维度均位于前十名的研究机构入选"五年期最佳研究机构"。

② 表中为三年期各行业平均维度与最佳维度排名均位于前五名的分析师。

（续表）

分析师姓名	所属行业	所属证券公司
马鲲鹏	银行	上海申银万国证券研究所有限公司
邱冠华	银行	国泰君安证券股份有限公司
孙　婷	非银金融（含保险、资本市场、其他金融）	海通证券股份有限公司
沈　娟	非银金融（含保险、资本市场、其他金融）	华泰证券股份有限公司
张　宇	房地产	中国国际金融股份有限公司
区瑞明	房地产	国信证券股份有限公司

4. 三年期最佳研究机构①

中国国际金融股份有限公司、国泰君安证券股份有限公司、招商证券股份有限公司、兴业证券股份有限公司。

（三）明星分析师解读②

1. 樊俊豪

（1）基本信息简介③

樊俊豪，男，硕士，现任职于中金公司，从事于轻工制造，商贸零售方向研究，从业证书编号：S0080513080004，连锁零售、文娱轻工行业分析师。

中山大学经济学硕士，通过 CFA 二级考试，1 年基金行业从业经验，2010—2011 年任职于广发基金金融工程部，2011 年 7 月加入中投证券，2012 年“水晶球”奖最佳分析师入围。

（2）预测表现

原材料——轻工（含家庭与个人用品、容器与包装、纸类与林业产品）行业：

2014.05.01—2019.04.30 期间跟踪“原材料——轻工（含家庭与个人用品、

① 2019 年度（截至 2019 年 4 月 30 日）三年期样本的研究机构共 63 家，明星分析师席位排名平均维度与最佳维度均位于前十名的研究机构入选“三年期最佳研究机构”。

② 本文选择解读的明星分析师为 2019 年五年期和三年期平均与最佳维度均为前三名的分析师，解读顺序为分析师姓名首字母排序。

③ 信息来自 Wind 数据库——人物库，下同。

容器与包装、纸类与林业产品)”行业股票数量:年均 6 只股票。

五年期 EPS 预测平均表现排名:3/23,最佳表现排名:3/23。

三年期 EPS 预测平均表现排名:3/54,最佳表现排名:2/54。

2. 马鲲鹏

(1) 基本信息简介

马鲲鹏,男,现任职于申万宏源,从事于银行方向研究,从业证书编号:A0230518060002。

英国杜伦大学金融与投资学硕士,西南财经大学保险学学士,对大金融行业全局性策略研究和银行业研究有深刻认识和丰富经验。

(2) 预测表现

银行行业:

2014.05.01—2019.04.30 期间跟踪“银行”行业股票数量:年均 13 只股票。

五年期 EPS 预测平均表现排名:1/9,最佳表现排名:1/9。

三年期 EPS 预测平均表现排名:1/20,最佳表现排名:1/20。

3. 孙婷

(1) 基本信息简介

孙婷,女,硕士,就职于海通证券,首席分析师,高级分析师,研究方向为非银行金融,职业证书编号:S0850515040002。

中央财经大学经济学学士,中国人民银行研究生部经济学硕士。现就职于海通证券,2008 年 7 月加入申银万国证券研究所,先后任海外研究部保险行业分析师和服务业研究部保险分析师。

(2) 预测表现

非银金融(含保险、资本市场、其他金融)行业:

2014.05.01—2019.04.30 期间跟踪“非银金融(含保险、资本市场、其他金融)”行业股票数量:年均 14 只股票。

五年期 EPS 预测平均表现排名:1/16,最佳表现排名:1/16。

三年期 EPS 预测平均表现排名:2/35,最佳表现排名:1/35。

(四) 最佳研究机构解读[①]

1. 国泰君安证券股份有限公司

(1) 基本信息简介[②]

国泰君安证券股份有限公司总部位于上海市,国泰君安跨越了中国资本市场发展的全部历程和多个周期,以客户为中心,深耕中国市场,为个人和机构客户提供各类金融服务。自 2008 年以来,国泰君安连续十二年获得中国证监会授予的 A 类 AA 级监管评级。在二十余年创新发展过程中,国泰君安逐渐形成了风控为本、追求卓越的企业文化。

2010 年国泰君安国际(HK.1788)成为首家在香港联交所首次公开发售及上市的香港中资券商;同年成为首批获得融资融券业务资格的证券公司之一。2015 年国泰君安证券 A 股(601211.SH)在上海证券交易所上市交易,2017 年国泰君安证券 H 股(2611.HK)在香港联合交易所上市交易。国泰君安证券股份有限公司旗下拥有国泰君安金融控股公司、国泰君安资管、国泰君安期货、国泰君安创投、君泰君安证裕、上海证券以及国翔置业七家子公司。

(2) 预测表现

2014.05.01—2019.04.30 期间年均活动证券分析师数量约 121 名,年均研究报告产出量约 721 份。

五年期证券公司明星分析师席位排名——平均表现维度排名:5/56,拥有明星分析师数量:21/590。

五年期证券公司明星分析师席位排名——最佳表现维度排名:3/56,拥有明星分析师数量:29/590。

三年期证券公司明星分析师席位排名——平均表现维度排名:3/63,拥有明星分析师数量:16/360。

---

① 本文选择解读的研究机构为 2019 年度三年期与五年期均为最佳研究机构的证券公司,解读顺序为证券公司首字母排序。

② 信息来自国泰君安官网,https://www.gtja.com/。

三年期证券公司明星分析师席位排名——最佳表现维度排名：3/63，拥有明星分析师数量：18/360。

2. 兴业证券股份有限公司

（1）基本信息简介①

兴业证券股份有限公司是中国证监会核准的全国性、综合类、创新型证券公司，成立于1991年10月29日。2010年10月，在上海证券交易所首次公开发行股票并上市（601377.SH）。公司注册地为福建省福州市，主要股东有福建省财政厅、福建省投资开发集团有限责任公司、上海申新（集团）有限公司、中国证券金融股份有限公司等。

兴业证券主要经营证券经纪、承销与保荐、投资咨询、证券自营、财务顾问、融资融券、基金与金融产品代销、基金托管、期货介绍等业务。在全国31个省、市、区共设有235个分支机构，其中分公司91家、证券营业部144家，控股兴证全球基金管理有限公司、兴证国际金融集团有限公司、兴证期货有限公司；全资拥有兴证证券资产管理有限公司、兴证创新资本管理有限公司、兴证投资管理有限公司。兴证国际金融集团有限公司于2019年1月在香港联交所主板上市（6058.HK），是兴业证券集团国际化和全球化发展的平台。

（2）预测表现

2014.05.01—2019.04.30期间年均活动证券分析师数量约58名，年均研究报告产出量约722份。

五年期证券公司明星分析师席位排名——平均表现维度排名：7/56，拥有明星分析师数量：20/590。

五年期证券公司明星分析师席位排名——最佳表现维度排名：2/56，拥有明星分析师数量：29/590。

三年期证券公司明星分析师席位排名——平均表现维度排名：6/63，拥有

① 信息来自兴业证券官网，网址：https://www.xyzq.com.cn/。

明星分析师数量:14/360。

三年期证券公司明星分析师席位排名——最佳表现维度排名:4/63,拥有明星分析师数量:16/360。

3. 招商证券股份有限公司

(1) 基本信息简介①

招商证券股份有限公司(简称“招商证券”)是具有百年历史的招商局集团旗下的证券公司,传承了招商局集团长期积淀的创新精神、市场化管理理念、国际化运营模式及稳健经营的风格。招商证券于2009年11月首次公开发行A股并在上交所主板上市(代码600999),于2016年10月首次公开发行H股并在港交所主板上市(代码06099)。

招商证券在国内设有258家营业部,同时在香港、新加坡、英国、韩国设有子公司;全资持股招商证券国际有限公司、招商期货有限公司、招商证券资产管理有限公司、招商致远资本投资有限公司、招商证券投资有限公司,参股博时基金管理公司、招商基金管理公司,构建起国内国际业务一体化的综合证券服务平台。

(2) 预测表现

2014.05.01—2019.04.30期间年均活动证券分析师数量约75名,年均研究报告产出量约586份。

五年期证券公司明星分析师席位排名——平均表现维度排名:4/56,拥有明星分析师数量:21/590。

五年期证券公司明星分析师席位排名——最佳表现维度排名:8/56,拥有明星分析师数量:21/590。

三年期证券公司明星分析师席位排名——平均表现维度排名:5/63,拥有明星分析师数量:15/360。

三年期证券公司明星分析师席位排名——最佳表现维度排名:9/63,拥有

① 信息来自招商证券官网,网址 http://www.newone.com.cn/。

明星分析师数量:12/360。

4. 中国国际金融股份有限公司

(1) 基本信息简介①

中国国际金融股份有限公司(3908.HK)是中国首家中外合资投资银行。自1995年成立以来,中金公司建立了以研究为基础,投资银行、股票业务、固定收益、财富管理和投资管理全方位发展的业务结构。2015年,中金在香港联交所主板成功挂牌上市。2017年,中金与中国中金财富证券有限公司(简称"中金财富证券",原中国中投证券有限责任公司)的战略重组完成,中金财富证券成为中金的全资子公司。2018年,中金成功完成引入腾讯作为战略投资者。

中金总部设在北京,在境内设有多家子公司,在上海、深圳、厦门、成都等地设有分公司,在中国大陆28个省、直辖市拥有200多个营业网点。中金公司亦积极开拓境外市场,在香港、纽约、新加坡、伦敦、旧金山、法兰克福等国际金融中心设有分支机构。

(2) 预测表现

2014.05.01—2019.04.30期间年均活动证券分析师数量约60名,年均研究报告产出量约669份。

五年期证券公司明星分析师席位排名——平均表现维度排名:8/56,拥有明星分析师数量:20/590。

五年期证券公司明星分析师席位排名——最佳表现维度排名:1/56,拥有明星分析师数量:43/590。

三年期证券公司明星分析师席位排名——平均表现维度排名:2/63,拥有明星分析师数量:16/360。

三年期证券公司明星分析师席位排名——最佳表现维度排名:1/63,拥有明星分析师数量:27/360。

① 信息来自中国国际金融股份有限公司官网,网址 https://www.cicc.com/。

我国金融行业人才需求与职业资格认证

邵思怡

（上海金程教育培训有限公司）

随着中国金融市场的国际化，金融业用人标准正在发生新的变化。金融企业或金融类工作岗位越来越重视人才的综合能力，尤其是特定业务所需的专业能力以及面对新兴业务的创新能力。面对复杂多变又创新迭出的国内市场，金融机构应建立科学用人标准，注重综合素质能力。除了传统的毕业院校、专业背景、知识技能以及行业经验以外，金融机构也应注重基于未来发展考量的跨行业知识及先进的海外经验等。本文将基于我国金融行业人才现状，对目前国内金融行业的职业证书进行简要分析，以此为金融机构的人才选拔与金融行业的从业人员提供一定的参考。

1. 我国金融行业人才现状

根据 CFA 协会、罗兰贝格和领英 2016 年 6 月联合发布的《中国金融行业人才发展报告》显示，我国金融人才行业正呈现四大形势，第一，人才需求与行业发展需要相互适应。行业整体处于转型期，经济转型过程中的结构调整程度也会对金融人才的需求构成影响。第二，人才供需存在结构性矛盾。行业发展对高端管理人才、业务人才及复合型人才的需求非常迫切，与此对照的是从业人员知识储备、更新速度滞后的现状。第三，高端人才流动频率加快。近几年，人才流动数量明显增加，特别集中于高级专业人才。主要流向由券商、保险资产管理公司向基金公司流动转变为各行业之间的横向流动。第四，有效金融人才后备不足。由于缺乏面向市场的高校教育体系，以及金融企业普遍存在的职业培训短板，导致大批高校毕业生无法有效转变为适合金融企业需求的有效后备人才。

另一方面，我国金融各行业人才需求缺口均较大。首先，证券业对于风险管理、国内外市场业务保荐人、行业研究、策略研究和金融工程人才需求迫切；其次，银行业对于研究与分析、风险管理和个人理财，重点为研究与分析的人才有大量需求；第三，保险业紧缺风险管理、投资分析、精算和信息技术的专业人才；第四，基金业主要缺少研究型人才，集中于国际和国内宏观研究，其次是策略和行业研究人员。

针对我国金融市场发展规划与从业人员的现状，通过学习国际通行的行业资格证书已经成为迅速提升专业能力、国际视野的方式。虽然各行业因其职能业务内容的不同，所认可的资格证书有差异，但市场公认的职业认证资格证书因其专业权威性，已在求职领域中占有越来越重要的分量。

一般来看，财经领域的工作可分为四大模块。首先，资金来源对应理财方面的工作，需要从业者拥有理财方面的专业知识能力。其次，资金去向对应投资方面的工作，从业人员应该拥有丰富的投资领域知识与能力。而支撑这些理财与投资工作正常运转的则是会计及风险管理两个方面。所以，我们可以将金融行业的工作总结概括为“四大模块”，针对每一个专项领域，对于人才的专业能力得要求又有所不同。

2. 证书介绍

2.1 投资类证书

2.1.1 证券从业资格

证券从业人员资格考试是由中国证券业协会负责组织的全国统一考试，主要考察两个方面的内容，包括金融市场基础知识和证券市场基本法律法规，是进入证券行业的必备证书，是进入银行或非银行金融机构、上市公司、投资公司、大型企业集团、财经媒体、政府经济部门的重要参考。

2.1.2 特许金融分析师(CFA)

CFA 的英文全称为 Chartered Financial Analyst，是全球投资业里最为严格与高含金量资格认证，被称为全球“金融第一考”的考试，为全球投资业在道德操守、专业标准及知识体系等方面设立了规范与标准。

根据 CFA 协会公布的数据，截至 2019 年 8 月 22 日，CFA 全球 165 个以上的国家和地区有超过 168 000 名 CFA 持证人，中国大陆(不含港澳台)的 CFA 持证人数量为 6 078 名，主要集中在北上广地区。而香港 CFA 持证人达 7 553 名，台湾为 533 名，澳门为 48 名。而 2019 年 CFA 注册考试人数创纪录达到 25 万人次，足以证明 CFA 在金融领域的受欢迎程度。

CFA 考试以投资行业的知识为基础，主要由 10 个科目组成。如表 1。

表 1 CFA 考试科目

课程大纲	一级	二级	三级
道德操守与职业行为准则	15%～20%	10%～15%	10%～15%
数量方法	8%～12%	5%～10%	
经济学	8%～12%	5%～10%	5%～10%
财务报表分析	13%～17%	10%～15%	
公司金融	8%～12%	5%～10%	
衍生品	10%～12%	10%～15%	10%～15%
权益投资	10%～12%	10%～15%	15%～20%
另类投资	5%～8%	5%～10%	5%～10%
固定收益	5%～8%	5%～10%	5%～10%
投资组合管理	5%～8%	5%～10%	35%～40%

CFA 的通过率相对稳定，近 5 年的通过率如表 2。

表 2 CFA 考试通过率 单位:%

	一级通过率(6 月)	一级通过率(12 月)	二级通过率	三级通过率
2019	42	41	44	56
2018	45	43	45	56
2017	43	43	47	54
2016	43	43	46	54
2015	43	42	46	53

2.1.3 量化金融分析师(AQF)

随着金融科技、人工智能等技术创新的来临,量化金融逐渐成为金融与 IT 相融合的重要分析方法和发展方向。通过 IT 给金融行业赋能,对两大产业的未来发展都极为重要。目前,量化金融在国外的发展已非常成熟,而在国内该领域则发展缓慢;国内量化金融人才的匮乏,已经成为制约量化金融发展的瓶颈。

量化金融领域需要从业者同时具备“金融 + IT”相结合的综合技能,量化金融分析师(Analyst of Quantitative Finance,AQF)由中国市场学会量化金融标准委员会(Standard Committee of Quantitative Finance,SCQF)主考并颁证,是代表量化金融领域的专业水平证书。

量化金融分析师(AQF)知识体系以“理论”与“实践”相结合,分为两个级别:量化金融基础知识与量化金融专业知识与实务。量化金融基础知识由五大知识模块构成,包括金融基础知识(15%)、量化投资理论(15%)、Python 编程基础(25%)、Python 金融数据分析基础(25%)、量化交易策略回测方法(20%)。量化金融专业知识与实务由四大知识模块构成,包括 Python 金融数据分析进阶(30%)、量化交易策略的 Python 实现与回测(40%)、人工智能与机器学习策略(20%)、量化实盘交易(10%)。通过 AQF 体系性的学习,能够帮助学习者成为具有扎实理论功底和实践能力的量化金融专业技术人才。

2.1.4 财务估值分析师(FVA)

财务估值分析师(Financial Valuation Analyst,FVA)由中国市场学会量化金融专业委员会下设的财务估值标准委员会(Standard Committee of Financial Valuation,SCFV)主考并颁证,是财务分析及估值建模等岗位从业人员专业基础知识及实务操作技能的专业水平证书考试。

FVA证书主要涉及财务估值基础、企业财报分析、公司估值建模三大模块,考察的课程内容包括财务分析基础、估值模型基础、利润表分析、资产负债表分析、现金流量表分析、经营情况分析、报表调整、实务估值方法、案例建模分析、估值报告撰写等课程。

2.2 理财类证书

2.2.1 国际金融理财师(CFP)

CFP(Certified Financial Planner)被称为注册金融理财师或者注册理财规划师。注册金融理财师是遵循金融理财规范流程的六大步骤,帮助客户实现人生目标的专业人士。

金融理财师是一种新兴的金融职业,注册金融理财师主要是为个人客户提供全方位的专业理财建议,通过不断调整各种金融产品组成的投资组合,设计合理的税务规划等,来满足客户长期的生活目标和财务目标。作为一名金融理财师,必须能够正确分析和评估客户的财务状况,并根据客户所处的生涯阶段和风险承受能力,为客户量身定做一份合理的理财方案。

CFP资格认证考试科目为投资规划、员工福利与退休规划、个人税务与遗产筹划、个人风险管理与保险规划与综合案例,5门考试共计12小时。

2.2.2 金融理财师(AFP)

AFP资格认证是一项国际标准,内容本土化,水平国际化。2009年以前,AFP资格证书由中国金融教育发展基金会金融理财标准委员会(标委会)进行认证。2009年开始,随着标委会转型为国际金融理财标准委员会中国专家委员会和现代国际金融理财标准(上海)有限公司(也即FPSB China)之后，AFP 金融理财师由 FPSB China 进行认证。AFP 目前已经纳入 FPSB 国际认证体系。

AFP 资格认证考试时间为 6 小时，考试科目为金融理财基础（一）和金融理财基础（二）。

2.2.3 注册财务策划师（RFP）

注册财务策划师 Registered Financial Planner（简称 RFP）为美国注册财务策划师学会（RFPI）制定的国际权威认证资质。RFP 项目致力于让专业更简单，让专业更实务，让专业更实用。凭借完善的“5 + 1”知识体系，包含基础财务策划、投资策划、保险及退休策划、税务及遗产策划、高级财务策划五大课程模块和一系列行业落地实战专题，全面涵盖产品、法律、税务、投资、保险、遗产策划等方面，涵盖专业理财师在为客户提供理财方案时所需要的知识。学习之后，能够帮助学员体系化掌握理财规划所涉及的各个环节，并能根据不同客户群体的需要，度身定制专属于客户的产品组合，实现理想的现金流控制和投资回报，真正帮助客户实现“保值、增值、保全”的理财目标。RFP 的知识模块组成如表 3 所示。

表 3 RFP 知识模块组成

模块	学科	内容
基础知识模块	基础财务策划	经济学理论基础
		货币时间价值及金融实务计算
		财务策划法律基础
		财务管理基础
		居住规划
		教育规划
专业能力模块	投资策划	宏观经济指标及其应用
		投资环境分析
		股票、债券、基金、衍生品、信托等理财产品详解
		投资组合及资产配置理论
		行为金融学基础

（续表）

模块	学科	内容
专业能力模块	保险及退休策划	保险的基本原理及原则
		保险合同及保险产品
		中高端客户保险需求分析及行为特征分析
		保险规划
		退休养老规划
	税务及遗产策划	所得税制的基本框架
		税收筹划概述及操作实务
		遗产筹划原理
		遗产筹划实务
	高级财务策划	财务策划的程序
		财务策划案例应用及分析
后续增值模块	实战操作指引	行业实务落地（面授/直播/论坛讲座等形式）

2.2.4 注册企业理财师(CCF)

近年来，随着我国商品经济与资本市场的高速发展，企业理财职能在各类公司的经营、发展中的重要性逐年提升。建立和完善企业理财专业人员的培养和评价机制，在促进企业可持续发展，提升企业投融资水平，控制企业经营成本与风险、保持经济的稳健发展等方面均具有重要意义。

企业理财师（CCF）知识体系以理论与实践相结合，分为两个级别，旨在建立针对不同行业背景与不同职业发展阶段的候选人提供更加科学、先进、合理和全面的专业水平评价机制。

注册企业理财师一级（Certified Corporate Financier Part Ⅰ），由十个模块构成，包括职业伦理（10%）、数量分析（5%）、经济学（10%）、财务报表分析基础（15%）、金融市场与金融工具（15%）、企业融资管理基础（15%）、企业投资管理基础（10%）、三会运作（5%）、战略管理（5%）、风险管理（10%）。注册企业理财师二级（Certified Corporate Financier Part Ⅱ），由十个模块构成，包括商业伦理准则（5%）、财务报表分析进阶（15%）、估值建模（15%）、税务筹划（10%）、风控建模实务（10%）、企业融资管理实务（15%）、企业投资管理实务（10%）、兼并收购实务(10%)、市值管理(5%)、公司治理中的其他重要问题(5%)。

2.3 会计类证书

2.3.1 注册会计师(CPA)

注册会计师,是指通过注册会计师执业资格考试并取得注册会计师证书在会计师事务所执业的人员,英文全称(Certified Public Accountant),简称为CPA。注册会计师专业考试科目为:会计、审计、财务成本管理、经济法、税法和战略与风险管理,综合阶段为考试科目为职业能力综合测试。

根据中国注册会计师协会考试部《2018年注册会计师全国统一考试分析报告》数据,截至2019年,CPA非执业会员人数达到14万以上,执业会员人数达10万以上,会员人数超过25万人。2019年的CPA考生报名人数超过170万,2020年报考人数超过200万人。各科目在2014年至2018年间的通过率如表4。

表4 注册会计师考试通过率 单位:%

	会计	审计	财管	经济法	税法	战略
2018	21.93	31.05	29.39	30.52	29.46	29.47
2017	20.59	31.18	24.98	25.29	26.27	28.62
2016	13.19	22.54	24.99	26.51	20.49	28.17
2015	18.16	24.98	26.11	24.01	22.31	25.8
2014	16.75	19.09	10.13	23.98	15.73	19.99

2.3.2 特许公认会计师(ACCA)

特许公认会计师公会(The Association of Chartered Certified Accountants,简称ACCA)成立于1904年,是世界上领先的专业会计师团体。英国立法许可ACCA会员从事审计、投资顾问和破产执行的工作,但在中国只有中国注册会计师(CPA)获得法律认可。

ACCA在国内称为"国际注册会计师",实际上是英国的注册会计师协会之一(英国有多家注册会计师协会),但它是英国具有特许头衔的4家注册会计师协会之一,也是当今知名的国际性会计师组织之一。

ACCA是国际会计准则理事会(IASB)的创始成员,也是国际会计师联合会(IFAC)的主要成员。ACCA在欧洲会计专家协会(FEE)、亚太会计师联合会(CAPA)和加勒比特许会计师协会(ICAC)等会计组织中起着非常重要的作用。ACCA的考试科目如表5。

表5 特许公认会计师考试科目

知识课程 Applied knowledge	
AB	会计师与企业 Accountant in Business
MA	管理会计 Management Accounting
FA	财务会计 Financial Accounting
技能课程 Applied skills	
LW	公司法与商法 Corporate and Business Law(2h)
PM	业绩管理 Performance Management
TX	税务 Taxation
FR	财务报告 Financial Reporting
AA	审计与认证业务 Audit and Assurance
FM	财务管理 Financial Management
核心课程 Strategic professional-essentials	
SBL	Strategic Business Leader(4h)
SBR	Strategic Business Reporting
选修课程 Strategic professional-options	
AFM	Advanced Financial Management
APM	Advanced Performance Management
ATX	Advanced Taxation
AAA	Advanced Audit and Assurance

截至2016年ACCA在全球178个国家收获了188 000名会员,480 000名在学学员;分支机构达到100家,与全球世界范围内98个会计师组织达成合作关系,7 400家认可雇主深度合作。在英国有79 672名ACCA学员,毋庸置疑是学员最多的国家。中国以63 377名学员位居第二,马来西亚有42 017名学员位居第三。这足以反映ACCA在亚洲环太平洋地区的认可程度。

2.3.3 美国注册管理会计师(CMA)

CMA(Certified Management Accountant)即美国注册管理会计师,是美国管理会计师协会(IMA)旗下的注册管理会计师认证(CMA 认证),它评估了学员在管理会计及财务管理方面的相关工作经验、教育背景、专业知识、实践技能、职业道德规范及持续学习发展的能力。美国注册管理会计师 (CMA) 与美国注册会计师(AICPA)、金融特许分析师 (CFA) 一起并称为美国财会金融领域的国际三大黄金认证。CMA 的考试科目与分值占比如表 6。

表 6 美国注册管理会计师考试科目与分值占比

Part 1——财务规划,绩效与分析		Part 2——战略财务管理	
外部财务报告决策	15%	财务报表分析	20%
规划、预算和预测	20%	公司金融	20%
绩效管理	20%	决策分析	25%
成本管理	15%	风险管理	10%
内部控制	15%	投资决策	10%
科技与分析	15%	职业道德	15%

2.3.4 美国注册会计师(AICPA)

AICPA (American Institute of Certified Public Accountants)美国注册会计师协会成立于 1887 年,是目前全球会员规模最大的注册会计师协会,是美国正式的注册会计师国家资格,在美国拥有审计签字权,并在全世界享有广泛盛誉。AICPA 是世界财会领域黄金证书之一,同时也是全球含金量较高财会证书之一。其考试科目一共有四科,考试科目与分值占比等情况如表 7。

表 7 美国注册会计师考试科目与分值

科目	单项选择题组	模拟案例题组	写作题组	考试时间
Auditing & Attestation 审计	占 50%	占 50%	—	4 小时
Financial Accounting & Reporting 财务会计与报告	占 50%	占 50%	—	4 小时
Regulation 法规	占 50%	占 50%	—	4 小时
Business Environment & Concepts 商业环境	占 50%	占 35%	占 15%	4 小时

2.4 风险控制类

2.4.1 金融风险管理师(FRM)

金融风险管理师(FRM)是金融风险管理领域顶级权威的国际资格认证，由美国“全球风险管理专业人士协会”(Global Association of Risk Professionals，GARP)设立。GARP通过“创造一种风险意识文化”，帮助金融风险从业者做出更明智的风险决策。

FRM认证由GARP组织命题、考试并颁发证书，其偏重风险管理分析和决策的必要知识体系，采用全英文考试。FRM在中国由人力资源和社会保障部批准为国家职业资格证书，并由职业技能鉴定中心主管。FRM的知识体系如表8。

表8　金融风险管理师知识体系

级别	课程大纲
FRM一级	风险管理基础
	定量分析
	金融市场与产品
	估值与风险建模
FRM二级	市场风险测量与管理
	风险管理和投资管理
	信用风险测量与管理
	操作风险和弹性
	流动性和资金风险测量与管理
	金融市场热点话题

根据GARP官方介绍，截至2019年，全球一共有超过48 000名FRM持证人员，其中中国有9 500名FRM持证人员。而在过去的20年里，全球有325 000余人注册和参加了FRM考试，从2010年以来FRM考试参考人数每年平均递增13%，2017年全球更是超过56 000人次。

根据 GARP 官方数据，FRM 考试最近 5 年的历史通过率如表 9。

表 9　金融风险管理师考试通过率　　单位：%

	一级	二级
2019.11	46	59
2019.5	42	60
2018.11	50	56
2018.5	41	53
2017.11	42	52
2017.5	42	54
2016.11	45	54
2016.5	45	50
2015.11	49	62
2015.5	43	52

2.4.2　注册金融风险管理师(CFRM)

注册金融风险管理师(Certified Financial Risk Manager，CFRM)认证是对从事金融风险管理相关人士专业水平的权威鉴定。在金融基础、数量分析、财务理论、市场风险管理、信用风险管理、操作风险管理、风险建模、职业道德、公司治理、宏观经济、管理学以及热点专题解读等方面，对当今金融风险管理从业人员提出全面的专业知识和实操技能的严格评价标准。

CFRM 认证体系分为助理注册金融风险管理师(Assistant Certified Financial Risk Manager，ACFRM)、注册金融风险管理师(Certified Financial Risk Manager，CFRM)和高级注册金融风险管理师(Senior Certified Financial Risk Manager，SCFRM)三个等级，旨在针对不同行业背景和职业要求的候选人建立更加科学、先进、合理和全面的专业人才水平评价机制。CFRM 的知识模块组成如表 10。

表 10　注册金融风险管理师知识模块

模块	学科	占比	内容
基础模块	风险管理基础	10%	解析风险管理内容，包括：风险识别、风险偏好、风险测量和风险管理；国内外经典案例解读
	投资理论	10%	讲解投资理论精要，包括：投资原理三基石、货币时间价值、金融市场、金融产品、现代资产组合理论
	数量分析	15%	概率论、抽样分布与参数估计、假设检验、线性回归、微积分、蒙特卡洛模拟、波动率及相关性估计
	从业人员职业道德	5%	规范金融机构从业人员的道德操守、职业化要求和责任，简介 CFRM 会员的责任
应用模块	市场风险测量与管理	25%	市场风险概述、固定收益产品及其定价、金融衍生品合约及其定价、基于衍生产品的风险管理策略、资产证券化和市场风险管理
	信用风险测量与管理	15%	信用风险管理概述、信用风险的度量、信用风险的管理、资产证券化、信用衍生品、基于财务报表的风险分析
	操作分析测量与管理	15%	操作风险、流动性风险、全面风险管理、经济资本、巴塞尔协议、中国的内部控制
	金融科技	5%	基于 Python 的风险建模，以及互联网金融风险管理
后续教育	金融监管	后续教育	国内金融监管政策解读，持续关注最新监管政策动态

3. 证书对于职业发展的影响

身处金融行业，很多金融相关的岗位都会要求有相关的证书加持，有些证书是为了获得相关的从业资格，比如证券从业资格、基金从业资格等，而有些证书则是为了为自己的专业能力做背书，比如 CPA、CFA 等。

面对不同的工作岗位，对于金融证书的要求也是不一样的。比如投资银行在招聘过程当中，通常会要求 CFA、CPA、FRM、ACCA 等证书，而风控及私募企业更多会优先要求 FRM 证书，同时对 CFA、CPA 等相关证书更加青睐。银行业相关岗位会对 CFA、FRM 以及 CFP、AFP，甚至是中级经济师等证书更显偏爱，而会计行业相关岗位会更多的要求会计类的证书，比如 CPA、ACCA、AICPA，甚至是初级会计师、中级会计师等。保险行业对获得理财相关证书的人员会更加偏爱，比如 RFP、CFP、AFP 证书。

随着金融各细分行业的迅猛增长，金融机构类型不断增多，企业也愈加重视人才的综合能力。同时，如何引进人才、培养人才，已成为金融机构人才战略制定的基准，也是关系到其转型升级的关键。另一方面，金融从业人员也需要关注重点成长行业及创新领域，着眼长远发展，以确定行业职位选择，通过提高综合素质、专业水平和创新能力，将自己培养成复合型人才，以适应行业需求与个人职业发展。

参考资料

1. 罗兰贝格、领英、CFA 协会 2016 年 7 月《中国金融行业人才发展报告》
2. CFA Institute 官网：www.cfainstitute.org
3. GARP 官网：www.garp.org
4. 中国注册会计师协会考试部《2018 年注册会计师全国统一考试分析报告》